猴面包树

Trahir

Elisabeth Darchis
Alberto Eiguer

Oser décevoir ses parents pour enfin vivre sa vie

背叛是为了成长

pour

［法］伊丽莎白·达尔希　阿尔贝托·艾格　著　　胡艺姝　译

grandir

中央编译出版社
Central Compilation & Translation Press

目录

引言 /008

第一章
成长的起源
依赖关系给予安全感
/014

但是成年人如何在早期就参与到孩子的个性构建中呢?
他们如何让孩子表露内心,如何培养他们想象、构筑梦想、未来独立行事的能力?
他们如何接受真实的孩子,而非一个理想和完美的存在?

第二章
分离的能力
学会分离,成为自己
/052

只有在与亲人建立过良好依恋关系的前提下,一个人才能逐渐远离亲人,实现自主。
正因被爱过,他才能逐渐接受分离,走上独立的道路。
融合与分离是解放自我的两项重要活动。

第三章

独立生活:艰难之旅
如何摆脱生活的羁绊
/082

在未被好好管教的情况下,孩子的成长会陷入停滞:
要么继续与家人生活在一起以"取悦"他们,
要么通过断绝关系来寻求自己被压制的独特性。

第四章

敢于坚持自我,敢于与众不同
如何摆脱羁绊,学会去爱
/116

有时,个体会因为忠于他人而伤害到自己。
被封闭在这个世界中,
他觉得自己无法摆脱聪明、认真、乐于助人的形象。

第五章

世世代代的传承
我们从哪里来,我们是谁
/148

如果一个孩子需要父母和祖辈的"许可"才能长大,
如果他们中有人对孩子的独立成长持反对态度,那又该如何呢?

第六章

父母的礼物与孩子的债务
学会拒绝束缚我们的东西
/162

父母会有意识或无意识呈现出牺牲者的形象,这让孩子越发感到内疚。
在孩子成长的岁月里,父母会回忆起他们的"烦恼忧愁""不眠之夜""艰难的心路历程"
"因为孩子而失去的时间……"

第七章

如何建立新关系？
学会过群体生活及夫妻生活！
/182

某些人很难在群体中生存，因为当面对他人时，
他们会感到拘谨、压抑、害羞和恐惧；他们害怕分离，或者不再与他人生活在一起。
相反，有些人则喜欢生活在群体中。

结语 /214

引言

"只有两种方式度过人生,
一种是把什么都不当作奇迹,
另一种是把什么都当作奇迹。"

——阿尔伯特·爱因斯坦

成长，意味着在生活中蓬勃发展、摆脱束缚、独立自主，这是一段不断进步的旅程。但有时，如果产生自我怀疑、未能坚持自我或是感到怅然若失，那我们就会发现，这是一段充满艰难与困苦的旅程。依靠自己获得尊重，而不是不断地让他人为我们做决定，如此一来，我们的生活便会充满光明，自由感和幸福感便会油然而生。

我们将会明白，这种发现自我的独特方式不仅仅是一个关于主体的故事。如果说身份的建构关乎个体，那么这段旅程就离不开家庭这个大熔炉，与童年的经历密不可分，与父母的陪伴更是息息相关。事实上，家庭是建构自我的第一种环境，能让我们了解并证明自己，塑造我们的行为和个性，引导我们做出个人选择和决定，甚至允许我们与自己对话。喜忧交加的成长之路始于相对良好的家庭氛围，可以说，不断成长、精彩度过一生的能力根植于悠久的家庭传统。

正是因为父母给予的信任，一个人才能展现自己的某种真实性。在家庭中保持独立性，同时与所爱的人融为一体，然后共同面对生活中的各种际遇，可称得上一门艺术。发挥主体性能够建构自我，同样也有助于我们结识他人。

通过本书第一章我们将会了解到，家庭环境是第一份安全保障，它能够帮助我们认识到自己是一个独立的主体。每个人一开始必须依赖家庭，因为孩子无法独立，他们迫切需要得到成年人的保护和关爱。在第二章，我们可以看到，被爱和懂得去爱，能够保证主体有能力爱自己、坚持自己、独立思考。通过建立自信，主体能够逐渐脱离家庭并发现自己与他人的不同。在第三章，我们可以发现，有时主体会阻止自己成为自己，阻止自己占据自己应处的位置，阻止自己分享自己的想法。主体还会产生负罪感，害怕伤害他人，害怕让他人失望，害怕不再被爱，或者害怕因名声扫地而停滞不前。从第四章里我们会看到，有些时候，有些家庭不允许改变的发生，是因为这条道路上布满了陷阱，让人不安、禁令、诱惑和支配阻碍了主体的发展，因此我们会问自己，是否必须敢于辜负或背叛家庭才能摆脱家庭束缚。

第五章和第六章主要介绍的是，当主体处于一种迟来的未分化状态[1]中甚至陷入深深的内疚中时，他的忠诚

1 　未分化在心理学中指我们作为孩子在出生的那一刻，身体虽然已经完成了和母亲的分离，但在心理层面没有和母亲分化开。——译者注

感（对家庭的忠诚）会使其面临享受和亏欠之间的冲突，这种冲突会阻碍个人的发展和成长。第七章讨论的是，当过于愚忠时，主体就会产生依赖心理，因为他无法承担因反抗原生家庭而产生的风险。他无法敞开他的个人空间，因此深受其害。此外，他还会将这种行为方式带到其他团体，应用于与其他人的人际关系中，暴露出原生家庭的缺陷。

那么，如何逐渐摆脱这种限制，获得成长并过好自己的一生？为了能够做自己，成就自己，通过与他人交往来充实和丰富自己，我们是否应该辜负甚至背叛亲人或我们所爱的人？如何减弱阻碍个人成长的奴化忠诚感，从而建立相对自主的、自我统一的感觉，为我们最终建立群体认同感带来帮助？父母和家庭的正向倾注[1]也有助于解放自我和实现自我。我们如何才能窥见痛苦的根源以及阻碍成长的轨迹？我们通过何种途径才能找到自己的亲密关系，才能独立思考和行动？要想理解忠于家庭与解放自我之间的紧张关系，对这些过程的研究就变得至关重要了。

1　倾注，在心理学中常将感情、精力、注意力全部集中于一个目标。——译者注

法国精神分析学家安德烈·鲁菲奥（André Ruffiot）于1981年提出：每个主体"在出生之前都是织物"[1]。根据这一观点，我们可以得知，在生命之初，我们都处于未分化的状态。个体化过程的建构是基于这种"心理矩阵"[2]（借用福柯[3]在1965年提出的术语）的。

但幸运的是，第一个摇篮并不完美，孕育我们的"家庭大熔炉"有其变幻莫测之处，有苦难、创伤、离散、重组、损失、不光彩之事或沉重的丧亲之痛。这构成了每个家族的历史起源，同时也会成为我们的羁绊。

因此，要获得成长，我们就必须接受自己，但这并不意味着要成为理想或全能的自己，去强迫自己拥有完美且理想的行为，而是倾向于追求真正的理想——提高自己，但我们也知道，这毕竟很难实现。建立和实现一

---

[1] "tissu avant d'être issu"这句话采用了叠韵的修辞手法，"tissu"（丝织物）与"issu"（出生）发音相近，旨在说明"主体在出生之前的状态是相同的"。——译者注
[2] 福柯提出的矩阵指把团体看作网络，个体互相交叉，由此构成网络。每个网络都有矩阵。这个矩阵代表该团体产生的根源、所拥有的记忆等。——编者注
[3] 米歇尔·福柯（Michel Foucault, 1926—1984），法国哲学家。著有《疯癫与文明》《性史》《规训与惩罚》《知识考古学》《词与物》等。——译者注

种相对独特的生活（有其自由与局限，同样也有其优势与缺陷）并不意味着要参考一本提供准则或要求的、强制自己执行的手册。

但是如何摆脱疲惫不堪、精疲力竭或反复无常的命运，并引导自己追寻自我发现的活力源泉？找到自己的道路或倾听自己的声音，以及发现自己的创造力。哪怕这会造成冲突或失望，有时甚至会遭受痛苦。

家庭拥有各种能力，但也存在各类缺陷。所有艺术都有其历史，如同所有家庭都有其家谱，历史和家谱的作用就是防止艺术和家族走向衰落。摆脱束缚和既定安排，战胜恐惧，接受失去和别离，将给我们指出一条能够在生活中真正蓬勃发展的道路。

我们必须加倍地认清并理解自己的经历，找到自己的道路并开创令人满意的未来。

第一章

成长的起源
依赖关系给予安全感

他会强烈地感受到父母的倾注中最细微的变化。

——阿尔贝托·艾格(Alberto Eiguer)

要想了解一个孩子是如何走向独立生活的成长之路的，我们就必须以婴儿在家庭摇篮中的绝对依赖状态为出发点，观察使他迈向第一次独立的关键阶段。

在本章中，通过想象婴儿的经历，想象他的"来处"以及他在子宫内的"旅程"，我们将会感受到环境在生命之初的重要性。事实上，在出生时，婴儿会经历与宛如天堂般的子宫的分离。我们还会看到，他首先会寻找一个有利于其生存、确保其安全的空间。

在家庭的融合与泛化[1]过程中，婴儿沉浸在以自己为中心的空间幻想中，从而获得了安全感。父母和家人仍然有必要支持这种幻想，无须太多，但得足够。因为在婴儿身体和心理成长的第一阶段内，父母应给予其至关重要的陪伴，帮助他做好成长的准备。

但是成年人如何在早期就参与到孩子的个性构建中呢？他们如何让孩子表露内心，如何培养他们想象、构筑梦想、未来独立行事的能力？他们如何接受真实的孩子，

---

[1] 融合指不同个体或不同群体在一定的碰撞接触后，认知、情感或态度倾向融为一体。泛化指个体将先前学到的知识、经验或技能应用到新的情景或问题中。——编者注

而非一个理想和完美的存在？孩子的到来会使一个家庭更加完整，但有时也会让父母有些许失望。但这也是幸运所在，因为孩子已经向家人证明了他的独特性和差异性。

对成年人而言，他们必须了解自己的界限，并将自己与孩子区别开来，并且不可制造阻碍各自发展的混乱，这样才能促进父母与孩子之间的融合。

我们还将在本章中了解到，家庭有时无法提供足够的、有利于孩子成长的情感保障，因此对于幼龄儿童以及即将成年的青少年而言，这意味着其独立生活之路布满荆棘，困难重重。

家庭摇篮的未分化状态

最初，胎儿的存在要归功于母亲提供了一个足以承载他的子宫。他不是一个人，而是一个未分化的整体，他与所处的原始环境相融合，所以他既身处其中，也置身在外。在羊水中，小生命从他所依赖的环境中选择了最初的感觉并予以保留。在移动的母体中摇晃，被音乐和人声安抚，从羊水中汲取温暖，胎儿处于完全依附母亲的状态，被完全包裹起来。胎儿的身体不受限制，因为温热的羊水、胚盘的内外胚层以及富有弹性的子宫都能够保证他自由活动。所以，容器（子宫）和内容（羊水）构成了容纳他的共同物质。他沉浸在有机的混合和交换中，子宫壁"轻触"着他的皮肤，羊水轻洗他的身体和嘴唇，让他感觉到自己被完全浸湿。他吞咽、品尝、吮吸、聆听和乱动，因为他随孕育他、浸润他、包裹他的母体而动。他就像母体心中的鼓，有节奏地被敲打着。他会辨别出子宫外母亲、父亲或兄弟姐妹的声音，与这个给他留下终身印记的"小宇宙"合二为一（达尔希，2002年）。

随后，胎儿出生时，突然被推出子宫，进入一个新的环境，进入一个新的世界。他将自己抽离出来，剥离了"第一层皮肤"。没有了原来的包裹，他变成了一个新的存在，但他仍然非常依赖母体。由于未知的噪声、自己的哭声、变化的温度、呼吸到肺中的新鲜空气，婴儿会产生一些前所未有的感觉。他曾经依赖羊水，而现在却依赖空气。他不再与液体混合，而是沉浸在自主的呼吸中。他曾经身处黑暗，现在却置身于或明亮或暗淡、多变的光线下。他在外界环境中"进化",感受到陌生的集体情绪。所有这些感觉都围绕着他、包裹着他、束缚着他或冻结着他。在多数情况下,婴儿在出生后的那一刻似乎很警觉,好像准备着接受这种变化。有那么几个瞬间,这种新奇感"掠过"他的皮肤、耳朵和眼睛。他用呼吸来感受这个世界,目不转睛地观察着这个世界。

对婴儿来说,出生不是他所遭受的一次伤害吗?奥地利心理学家奥托·兰克(Otto Rank)用"生产创伤"来描述第一次残酷的分离。这一过渡阶段可被视为生命的第一次自主行为发生的阶段,因为婴儿已经能够自主呼吸。这种感觉非常强烈,例如当给婴儿换衣服时,他发现自己没有被包裹,他就会猛地跳起来。他一定有种被放置于虚空中、被抛弃的感觉。英国著名医生、精神分析学家埃丝特·比克(Esther Bick)将婴儿比作被送上太空但未穿制服的宇航员。通过这一描述,我们能够了解到婴儿对再次被包裹的迫切需要。出生之后,一个人会无意识地希望回到天堂般的母胎中,以便缓解出生带来的伤害,这是人类的一种普遍幻想。

出生后,婴儿先是好奇地打量周围,接着摇头晃脑,最后变得筋疲力尽。他承受着无法独自应付的紧张、兴奋和焦虑。他通过哭闹声来表达他的感受,寻求释放和解脱。因为极度依赖,婴儿需要满足他的生存需求,也需要获取实际经验,即与他曾经的感觉密切相关的真正"精神营养"。在这种混乱中,他寻找着参考系,寻找着曾经的感觉。他需要支持、依赖和形影不离的陪伴。

因此,婴儿会尝试让自己紧贴母亲的身体或墙壁,以便寻找依靠,找回与子宫内部接触的感觉。他正在寻找一种熟悉的感觉,他将在子宫内产生的印象与之联系起来,试图重新找回他的感觉。这种感觉不仅能给他安全感,同时还会创造出令他十分感兴趣的新体验。这些尝试和寻找至关重要,因为当他紧贴母亲或他人的腹部时,他会再次感觉到呼吸和心跳的节奏。当他第一次体验轻柔且独特的沐浴时,他对原始液体(羊水)的记忆(如原始液体对他的"爱抚")似乎被唤醒了。

手臂、皮肤、声音、他人的触摸、绵软的小衣服、床上凹陷的小窝,所有这些再次将婴儿包裹起来并保护着他，唤醒他曾经被包裹着的感觉。流入口中的乳汁也让他想起吞下的羊水的味道、温度和稠度，吮吸乳头的乐趣让他回忆起从口中流入或流出的"有机温水"，他试图寻找这些感觉。甚至在吃奶之前，他就会在空气中吮吸，以寻找在子宫内体验过的嘴唇上的快感。这些回忆会唤起婴儿天使般的微笑，这是他幸福的象征。同样，与乳头或乳房的接触也可以给他带来幸福感和愉悦感。母亲的气味使他平静下来。出生之前，他就能听到母亲的声音，这声音可以抚慰他，使他产生一种奇异的感觉。他将出生前的记忆拼接起来，将它们保存在新的外部环境中。

对婴儿来说，最好的迎接方式是什么？从根本上来讲，当婴儿赤条条地来到这个世界时，他是不完整的，某些方面存在缺陷，他对周围环境有着急切的需求。他的不成熟使他需要一个良好的环境，家庭一开始会给他必要的支持，不能过多，但得足够……为保证孩子的意识觉醒，父母从怀孕开始就得做好心理准备。正是在"父母对孩子的温柔和甜蜜的幻想"中，婴儿降临至人世间。

在妊娠期间，子宫内即将出生的婴儿会导致家庭内部出现回归[1]——每个家庭成员都回到他们的过去，回到他们的原生家庭中（达尔希，2016年）。每个人都必须接受回到童年的这一事实，有时还是回到那个充满缺憾和没有安全感的时期，这样才能陪伴孩子成长。这种回归对激发婴儿的情绪（心血来潮、反复无常、欲壑难填等）必不可少。准父母把自己与父母相比，重新将他们小时候的经历联系起来，以便将来更好地了解婴儿的需求。因此，对孩童时期的回顾有益于了解婴儿的各种特殊情况，从而使他们成为有爱心、负责任的父母。

准父母所做的这种准备可以应对一种"真正的结构性危机"（拉卡米耶[2]，1961年），这种"结构性危机"是指一个人处于成熟的最后阶段。但是，父母也必须在孩子出生之前放弃他们自己还是婴儿时所经历的那种快乐。

在为孩子构建身份之前，构建父母身份是帮助孩

---

[1] 回归（régression），心理学用语，指在精神分析中，受试者在创伤或疾病的影响下恢复到先前的心理发展状态。——译者注
[2] 保罗-克洛代尔·拉卡米耶（Paul-Claude Racamier），法国精神病学家和精神分析师，最先提出了"自恋性倒错"这一概念。——译者注

子更进一步成长的机会。安德烈·鲁菲奥解释说："婴儿……会从母亲或是父亲身上衍化出一种与他自己相匹配的心理运作模式，这种模式与他们出生时的心理运作模式类似（仍处于未分化状态）。因此，在我看来，从最深层次来讲，父母身份对应着一种联系，承载着一种纯粹的心理交流……一边是父母的心理机制，另一边是孩子的心理机制。"

同时，父母会重新想起自己脆弱的一面，以更好地了解孩子的脆弱，保持对孩子的关注，并相对适当地满足孩子的需求。在出生之前，父母会梦到他们未来的孩子，这有助于建立未来的家庭关系。的确，照顾婴儿的意愿越强烈，为孕育所做的准备就会越全面，因为想象根植于一个可能的现实。

但要注意一种必然结果：父母必须摆脱对理想孩子的幻想，以免孩子完全被父母的幻想（或噩梦）所困，并避免父母为实现自我治愈或自我恢复而不惜利用孩子、不考虑孩子的情况发生。大家庭，尤其是同祖父母一起生活的大家庭，所有成员都会梦想着孩子的到来，那么每个家庭成员也就不得不放弃满足自己孩童时期的乐趣。

父母将不得不摆脱对自己父母依赖，为自己，同样也是为了孩子。这一变化为父母与婴儿的关系赋予一定的自由度，并让双方都接受各自的差异性与主观性。同样，父母会共同养育婴儿，也让其他人参与抚养，拓展其与外部的联系，重新建立婚姻、家庭、朋友与工作之间的平衡，而不是长期以婴儿为中心。不能像"反夫妻家庭"一样（卡约、德谢尔夫，1989年）始终以孩子为中心，挤占其他生活空间，特别是婚姻或个人空间。相反，"反夫妻家庭"（同上）中也有人未将孩子带在自己身边，但我们可以从中看到，这种放手不管的行为不利于个体自主性的形成。

英国心理学家约翰·鲍尔比（John Bowlby）于1951年写道："在任何人际关系中，没有人会无条件地、持续性地依赖他人……婴儿需要感觉到他属于自己的母亲，母亲同样也需要感觉到她属于自己的孩子。也正是因为能从中感受到快乐，母亲才更容易全身心地投入到对孩子的抚育中。一位母亲（抑或是一位父亲）只有看到自己的孩子成长，陪他经历童年的许多阶段，看着他成为独立的存在，并且知道正是自己的努力使这种成长成为可能，这样母亲（或父亲）才会在孩子身上花费时间。"

父母这一身份代表着爱和承诺，他们温暖、深情和负责任地抚育婴儿，这足以使他们从一开始就实现融合。婴儿将强烈地感觉到这种融合，这种融合从精神上包围着他，并相对地适应着他。父母的爱将他包裹，他们形成一种独特的关系，这种关系向他传递出对生活的渴望。

在传统文化中，母爱的重要性是毋庸置疑的，因此有些婴儿会一直被母亲抱在怀里；而在其他文化中，有些人认为长时间将婴儿抱在怀里会使他变得任性妄为，用他们话来说就是，"孩子会非常讨厌被双手束缚着"。如果婴儿的身心受到了父母较好的包容和保护，特别是在有需要的时候，那么他将在与父母逐渐疏远的必经之路上也能够产生幸福感。

此外，面对即将出生的婴儿，准父母也可能会感到矛盾，因为他们很快会意识到他们将不得不面对一些失望，要么是小失望，要么运气不好是大失望（达尔希，2013年）。比如一个让人无法忍受的婴儿，但即使他会让父母失望，他也有权利做自己。喜悦和幸福往往伴随着疲劳与焦虑或惊喜与惊讶。当然，将孩子理想化实属正常，但父母也必须面对现实及无法预知的意外。梦想必不可少，但不能过于理想化。面对无可避免的失望时不过于在意，父母与孩子的关系将更加灵活，并且孩子也可以充分表达自我。

随着自信的逐渐建立，孩子会感到满足和轻松，除非他因为太多的关注或太多的忽视而仍然有所依赖。在绝望时，他会不停地喊叫，或者变得完全沉默，表面上很乖巧，但内心也可能很沮丧、脆弱，缺乏生活的独立性。

在这一时期，即刚出生的几个月，婴儿需要被包裹在"精神摇篮"中。迎接婴儿的家庭会不自觉地向他传递整整一代人的感情。婴儿将被写进家族的历史中，以便帮助他找到属于自己的理想和故事。

我们都知道养育婴儿不仅是通过母乳，周围的人声、轻柔的摇晃、眼神的交流、悦耳的声音、温柔的抚摸，尤其是父母的疼爱，都会让他觉得自己如同一块海绵。所有这些都有助于婴儿成长。

情感滋养对他来说非常重要。1978年，约翰·鲍尔比在关于依赖的研究中强调了婴儿与生俱来的社交需求这一事实："依赖是一种首要需求。"紧握、注视、微笑、哭泣等本能行为都是在寻求父母注意和回应。这是一种基本的需要。

最初，婴儿并未察觉到这种依赖。同样地，他仍不知道自己的独特之处或个性所在。

约翰·鲍尔比于1958年再次对小猴子进行了"哈洛观察"，他证明了建立母婴关系最重要的因素不是食物，而是身体和感官接触：小猴子更喜欢"人造妈妈"（非食用皮毛制成）胜于提供乳汁的"人造妈妈"（铁丝制成）。在该实验中，小猴子冒着被饿死的风险而紧挨着皮毛制成的"人造妈妈"。人类也是一样，孩子需要精神上的滋养和身体上的照顾，非常需要他人的陪伴，因为沟通是心理健康的基础。法国发展心理学家勒内·扎佐（René Zazzo）认为，婴儿首先是群体性的一种存在，是一种"与生俱来的社会存在"。

法国精神分析学家迪迪埃·安齐厄（Didier Anzieu）解释道，在母乳喂养过程中，婴儿"被抱在怀里，紧紧贴着母亲的身体，他感觉到母亲的温度、气味和动作，他感觉到被抱着、被晃动、被清洗、被擦拭、被爱抚，所有这些动作都伴随着说话和哼唱"。

由于无法满足婴儿具体的需求（婴儿尚不会表达自我），因此他只能被喂食、爱抚、清洗，唐纳德·温尼科特（Donald W. Winnicott）[1]将这些对身体的呵护、照顾称为"照料（handling）"。与常规的"身体上的呵护"相反，他呼吁以情感方式来拥抱婴儿、观察婴儿、摇晃婴儿、倾听婴儿、理解婴儿和爱护婴儿……最初的体验和由此产生的感觉会形成记忆，这些痕迹会在人生的重要时期被发现，尤其是在回归和与他人亲密接触的时刻（恋爱关系、亲子关系等）。神经生物学家和儿科医生阿奈斯·阿特玛吉安（Anaïs Atmadjian）于1998年强调，婴儿感知到和经历过的事情非常重要："感知到的信息被婴儿记住、记录、深埋和过滤。他与母亲不可避免的共同生活至关重要，这种共同生活影响了婴儿未来的生活方式和人际交往……"

---

[1] 唐纳德·温尼科特，英国精神分析学家，主要研究父母—婴儿关系理论，提出个体发展从依赖到独立的理论。——译者注

婴儿独立自主的开始

婴儿会早早地变得具有好奇心。从他的眼神、微笑中,从感官与感官之间的交流中,父母可以发现他遇到了未知的事物。从一出生,他就向未知的东西敞开心扉。强烈的目光注视使他感到既自在又好奇,正如精神分析学家唐纳德·梅尔策(Donald Meltzer)所强调的,婴儿受到了"一种真正的影响,这将在他的一生中留下印记"。唐纳德·梅尔策在1988年补充道:"母亲的行为、乳房、目光以及如云彩掠过脸庞般的情绪,对他来说都是未知的。毕竟,他来到了一个陌生的世界。"

婴儿发现的东西必须被吸收和消化。在出生的前几天和前几周,婴儿离开了那个小世界,他会进入休息和睡眠状态,试图把与母亲或那些让他想起天堂般的子宫的人一起度过的幸福时刻融入[1]内心中。

---

[1] 精神分析起初用"混合",然后是"心力内投"(一种防御机制,指把我们欣赏的外部的或是他人的特质、品格等投射到自身的行为或观念上来——译者注)来谈论这个无意识的过程:一个人将他内在的自我体验与来自外部世界的经验融合起来。——原书注

精神分析学认为，梦境开始前会"产生幻觉"[1]，因为婴儿还无法区分现实与想象或象征。在这种情况下，梦对他来说是真实的，就像一种模糊的谵妄，让他能够重新获得满足感。他可以独自实现自我欺骗，这样即使父母不在身边，他也仍然可以想象父母存在。他能在获得满足的时刻重现一些美好场景，当他的消极情绪再次出现时，他会重新唤起那些积极回忆。因此，从生命的开始，他就安排自己暂时将沉重无比的亲身经历和糟糕时期的痛苦搁置一旁。

观察一个刚满一周的婴儿，我们会发现，进食时他慢慢醒来，似乎已经变得独立：他噘着小嘴，有点惴惴不安，发出短促的哭声。他的眼睛一直紧闭着，身体不动，只动动嘴唇，做出吮吸母乳的动作；然后他放松下来，似乎又睡着了。进食的记忆重新被激活，这使他得到安抚，获得安全感。似乎在一段时间内他能进行自我

---

[1] 幻觉指感觉障碍，一种不存在的感官知觉。——原书注

管理。这种尝试会重新开始，但不会持续太久，因为饥饿产生的紧张情绪似乎占据了上风，婴儿开始哭泣。

进食后，他的肌肉得到放松，身体慢慢变得沉重。然后，他微闭着眼睛，嘴唇在空中做出吮吸母乳的动作。随之而来的是他天使般的微笑，这是幸福感的象征，给慈爱的母亲带来了极大的幸福（达尔希，2002年）。

弗洛伊德在很早之前（1923年）就在其作品中提出了这样的假设：幻觉是先前感知的重复，这种感知能使人获得快乐和满足感。只有过去被感知到的事件才能以幻觉的形式再现。幻觉的出现是为了缓解婴儿尚无法被理解的、难以忍受的紧张情绪。它能够使出生后的婴儿在与母亲的互动中重现子宫内的情形，并且即使在父母真正不在身边的情况下，它也能让婴儿感受到父母或是乳房的存在，后者可以安抚和满足他。然而，矛盾的是，出生几天的婴儿已经有能力在某些时候安排他的一部分生活，而无须成年人在场。

不断重现亲身经历后所产生的幻觉，能使婴儿感到越来越安全。幸福的记忆必然要胜过不幸的记忆，因此婴儿凭一己之力恢复了美好事物的存在，获得了内心的安全感，积极的感觉盖过了消极的感觉。

我们已经发现，在很早的时候，是父母帮助婴儿逐渐忘记其在子宫中的记忆，这些记忆注定要消失，但同时为了成长，这些记忆又"虚拟地"留存在他身上。

婴儿信心十足地追溯他内心深处的最初体验，这能帮助他获得新的发现。为了能够走上自主之路，他还将经历其他类型的分离。但正是早期经历的保证，安全感才得以产生。婴儿渴望继续他的旅程，走向更广阔的世界，并在未来大胆地摆脱父母的束缚。

由于父母的充分回应，婴儿开始建立他的内心生活，这将促进他的成长。他向我们展示做梦的能力；他需要我们尊重他的节奏；他想要拥有自己的空间，不再被手臂环抱着——这有利于他的个人发展。

因此，可以这样说，我们最初依赖于家庭环境而存在，它允许我们获得第一种亲密关系（达尔希，2003年）。但是婴儿在母胎时就拥有了第一种家庭亲密关系，这并非来自记忆，而是得益于环境的浸润。这些储存起来的记忆，尤其是那些父母关注他的记忆，给予他信心。

久而久之，他学会了等待父母来回应自己的需求。

因此，我们观察到，从生命的最初几天或几周开始，婴儿就已经懂得等待。饥饿催促着他哭喊，但看到装满乳汁的奶瓶晃动起来，或者脖子被套上小围兜，他的注意力就集中起来，因为他似乎感知到了这些准备工作。小家伙已经表现出延迟满足的能力，他"书写"了第一次面对现实的"记录"。此外，他仍然可以幻想这种等待和延迟所得到的回应。

在这个阶段，父母若要满足婴儿的需求，就必须做到不能让他等太久，或者不能回应得太快，以免抹杀他刚刚萌发的欲望。父母的回应不需要即刻生效，但它必须保持相对灵活，以免婴儿陷入绝望。

在生命之初，因为婴儿没有时间概念，所以他不确定自己感受到的快乐和满足感是否会重现。如果父母以适当的距离给予他关心和爱护，尊重孩子的节奏，孩子就不会有被放弃、被遗弃或被限制、被压制的感觉。

大约六个月或八个月时，婴儿能够感知到梦想与现实之间的差异，他会理解真正的缺席，然后建构起真实的记忆。这是另外一种安全感，将使他在未来找到自己的亲密关系，从而走向相对自主。

第一次分离：美好的体验？

在生命的最初几周，婴儿也会经历痛苦，那似乎是一种沉重的侵入性的感觉，他难以控制。因为他没有安全感。例如，他不再像在母亲子宫里那样可以有源源不断的食物；幸运的是，父母会间隔一段时间来回应他的期待，这很快会让他得到自己所要的东西，但得延迟几分钟。

婴儿有时会觉得自己正在失去母亲，因为他不再持续性地被包裹在她的腹中。母亲并没有一直贴着他的嘴唇、皮肤。与在子宫内的时间不同，母亲的存在是间断性的。母亲仍是为婴儿而存在，但她似乎每时每刻都会被夺走。

婴儿对父母的情绪和感官反应十分敏感，正如阿尔贝托·艾格所言，"以至于他会强烈地感受到父母的倾注中最细微的变化，这对他的影响很大"。被抛弃、被遗忘的感觉会使婴儿陷入真正的灾难性焦虑之中。他与可怕的恐惧做斗争，如果父母不回应他，以缓解这种焦虑，他有可能会走向死亡。他的眼泪并不仅仅是心血来潮，而是一种语言——证明原发性焦虑的存在。精神分析学家们用"难以言表的痛苦""无法名状的恐惧""灾难性的焦虑""严重的原发性抑郁症""孤立无援的状态""原始的痛苦"来形容婴儿的这些可怕的感觉，这些感觉会让人意识到婴儿具有"死亡焦虑"的重要性："它们既存在于父母的脑海中，也存在于孩子的内心中。"

婴儿的紧张、苦恼、痛苦……需要父母来帮助缓解。因为最初小家伙没有能力去安抚自己的负面情绪，他需要别人来帮助其释放自己并摆脱那些压倒性的过度刺激。母亲可以配合孩子说："妈妈在这里，现在我会让你平静下来。"

这些交流正是父母与婴儿互动的开始，也是未来个体可能对家庭成员有所亏欠（人情与债务）的开始。同样，我们可以预见孩子产生憎恶的根源。我们将在第二章中看到，为了生存，婴儿确实会憎恶周围那些未能给予其持续性回应的人。矛盾之处是，这种憎恶却很有必要，因为它能帮助婴儿建立一个对他来说有些许阻碍的外部世界，尤其是在父母允许的情况下……

研究母婴关系的英国精神分析学家威尔弗雷德·鲁普莱希特·比昂 (Wilfred Ruprecht Bion)[1] 将父母控制与转化婴儿所产生的原始感觉的能力称为"母亲的阿尔法功能"[2]。因此，他"谈到了感觉的能力，他认为婴儿拥有感知到自己正在死去的能力"。该功能描述了母亲（也包括父亲或广义上的"身边人"）包容和接纳婴儿，转化婴儿过于强烈的情绪和让其感到被吞噬的感觉：快乐和痛苦、冲动和焦虑……最初的经历对婴儿还没有任何意义，因为他不会表达，也没有想法，无法区分如此强烈的感受和相对而言的现实。家庭内的阿尔法功能的基本作用是理解、抚慰及赋予这些感受以意义："你想告诉我什么？你哭是

---

[1] 威尔弗雷德·鲁普莱希特·比昂，研究群体心理治疗、群体心理分析和精神病理论化的先驱。——译者注

[2] 比昂将人的情感分为两种：α元素和β元素。一个人能够忍受的情感为α元素，忍受不了的情感为β元素。当一个孩子产生了β元素情感时，母亲需要帮助孩子将β转化成α。——译者注

因为我离得太远了，你一个人害怕吗？你想要抱抱？你饿了吗？……这些都有可能……"

然而，即使父母尽力回应婴儿，他们也无法知道他的一切。但是父母向婴儿解释发生了什么，表明他们已经能够将其视为一个完整且不同的主体。父母会想象和幻想婴儿的亲身经历，但他们知道这也有限度，他们并不能完全了解婴儿的大脑或身体。自我与他人之间的空间将激发个体的独特性。婴儿很早就具备了辨别自我的能力，即使在很长一段时间内他仍然不知道这一事实。

如果父母内心拥有某种安全感，这种安全感能使他们淡化甚至转化孩子的艰难经历，那么这种迎接婴儿的态度就是可行的。父母可以缓解婴儿过度的兴奋和强烈的焦虑，并给他带来放松和幸福。每个成年人都可以照顾、抚慰和安抚婴儿。调整好乳房或奶瓶的位置，这种具有包容性和转变性的行为，就像慈爱的父母在场一样。

当婴儿听到"是的，妈妈来了，别担心，妈妈没忘记你，妈妈正准备喂你吃饭，吃饱后就好了"，"你不会孤单，因为爸爸在你身边"，他便会逐渐地放心下来，有了安全感。

所有这些分享都是在强烈的情绪交流、相对细心的调整、配合和足够亲切的情感调和中完成的。只要婴儿的生活节奏得到相对尊重，并为他提供令他安心的生活基准；只要将他的沟通需求考虑在内，并合理满足他的要求，他就能安心、放松、入睡、休息和做梦。

然而，过于消极的，无法缓解、无法平息、无法转化的情绪总是保持着原始状态，因此婴儿无法表达自我，无法冷静下来，也无法进行社交。后来，孩子经历青春期，再到成年，每当面对生活中的考验或危机时，他都可能会发现自己十分焦虑、孤独，甚至恐慌。他无法茁壮成长或独立生活，无法摆脱对父母和家人的依赖，即使这种依赖并没有给他足够的安全感。然而，他可以通过自我管理来保护自己，但这样做有时会损害他人的利益(见第七章)。

父母只要稍微让孩子处于这种依赖状态，或者更糟糕的是，让他感到内疚、贬低他的价值或将家庭债务强加于他，他就无法以令人满意的方式成长，也无法通过各个成长阶段进行自我辨别。随后，他会试图通过暴力和不受控制的爆发，甚至是令人悲痛的和创伤性的割裂来反对自己，而这些都将会成为分离和独立的诱饵。

过于乖巧的孩子容易屈服让步，无法坚持自我。他会陷入抑郁、受虐狂或极度不安的状态中，无法在自己身上发现尊严所在。

从幻想到幻灭：是否有必要？

在生命的早期阶段，与父母的正常融合给了婴儿很大的满足感和完美的空间幻觉。他在尖叫后得以释放，困倦时得到满足，喊叫时被摇晃，哭闹时被理解……在最初的几个月里，他会经历一个阶段。在这个阶段里，世界似乎近在咫尺。当他呼喊时，他会得到回应和安慰。渐渐地，他产生了可以控制他人回应的错觉——似乎他有求必应。这使他觉得自己无所不能，进而产生一种能创造自己所需之物的幻觉。他自认为可以决定世界的发展进程，他似乎有能力创造和制造他想要的东西。

温尼科特描述了儿童产生幻觉的阶段。他认为，在这个阶段,孩子成就了母亲。事实上,父母既不会过迟也不会过早地为孩子提供他需要的东西,这给了婴儿一种"心想事成"的感觉。通过在合适的时间呈现以下内容——乳房、奶瓶、爱抚、换衣、睡觉、安慰、拥抱、摇篮曲等,可以让孩子产生幻觉,让孩子相信自己的愿望可以永远奇迹般地被实现。

然而,有时父母过度缺席,婴儿就无法建立这种幻觉。例如,如果父母的回应和婴儿的请求之间间隔过长,婴儿就很难在表达需要和满足需要之间建立联系。他成了一个"被抛弃"的婴儿,不再相信自己的需要会得到满足,找不到自己的安全空间。他未得到足够的保护,生活在混乱之中,这些都从精神上摧毁了他。他被痛苦吞噬,不再相信自己会得到回应,因此不再渴望,不再希望。他内心感到极度愤怒,或者变得严重抑郁,不再能够察觉到自己的需要。后来,为了避免痛苦,他开始否认自己或他人的需要。他会感到空虚、沮丧,感觉自己不存在。面对欲望或建立起来的关系时,他可能会遇到阻碍和困难。

另一方面,如果婴儿已经进入美好的幻觉当中,因为幻灭过于残酷，婴儿在面对这种早期体验时可能会感到害怕和恐惧，尤其是在出生后六个月到十二个月之间。这个阶段，他还是过于脆弱的，无法承受失去和父母长时间的缺席。在与父母暴力分离时，婴儿会表现出极大的焦虑。起初，这种痛苦表现为号哭不止和强烈反抗（为表达和好如初的期望）。然后，如果缺席时间延长，婴儿就会变得沮丧，甚至绝望到想远离一切。这使人想起过去孤儿院婴儿们的住院行为[1]。这些婴儿虽然获得了食物和生理需求方面的满足，但未受到关注或爱护，逐渐变得沉默寡言、封闭孤僻。许多婴儿还会变得体弱多病，甚至面临死亡。

哪怕是在走出绝对美好的幻觉很久之后，只能满足最小欲望的世界，仍然是一个让孩子们为之着迷的梦想世界。正如布鲁诺·贝特尔海姆（Bruno Bettelheim）于1976年所言："所有的孩子都相信魔法，直到长大后他们也会这样认为，除了那些已经对现实太过失望且无法从中

---

[1] 住院行为，出自匈牙利精神分析学家勒内·斯皮茨（René Spitz）的《医院制度》（*Hospitalism*）一书，指一些出生就遭遗弃的婴儿大多会变得抑郁、孤僻。——编者注

得到回报的人之外。"而后，他们将陶醉于一些故事中，这些故事将其带到神奇的土地上。在那里，所有人的愿望都能得到满足："从前，在一个愿望能被满足的国家……"在这个国家，人们所希望的一切都实现了。但后来，他们意识到必须区分想象与真实、欲望与现实。

在生命最初的几个月里，"无所不能"的幻觉给予婴儿很大的安全感：他会产生一种错觉，认为自己能摧毁迫害他的人，他能够将自己想摆脱的东西排除在外。重要的是，感受到这种破坏性冲动的父母首先不能拒绝它，更不能责怪以这种方式学会爱的孩子。事实上，正如梅兰妮·克莱因 (Melanie Klein)[1]所解释的那样，如果这些破坏性幻想让成人感到不安，孩子就可能会害怕辜负父母、搞垮父母或者失去父母。

如果婴儿在生命的最初几个月里拥有足够多的幻想，那么未来他将能够承受破坏性幻想与现实情况之间的差距。为此，他必须正视并且克服温尼科特所说的这

---

[1] 梅兰妮·克莱因，奥地利精神分析学家，儿童精神分析研究的先驱，被誉为继弗洛伊德后对精神分析理论发展最具贡献的领导人物之一。——译者注

种幻灭。事实上，破除幻灭的能力在很早以前就已"准备就绪"。

母亲和父亲并不完美。完美并不存在（即使对于那些愿意相信它的人来说）。父母全心全意、尽其所能地照顾孩子，尽管存在各种各样的缺陷。他们在生活中还有其他的关注点，比如个人或夫妻事务，工作和友谊等……如果一开始，父母给孩子一种他就是世界中心的错觉，那他们就得逐渐教他学会等待和面对大大小小的挫折，这将成为孩子欲望诞生和身份建构的心理基础。

例如，孩子的请求与父母的回应之间存在差异。母亲或父亲通常会得到对方的支持："让你妈妈安静两分钟。"在婴儿出生的最初几周内，这种促使孩子形成分离意识的父母行为已经出现，其后，该行为的频率在孩子出生六个月到八个月之间达到顶峰。

当成人放弃成为理想型和亲密型父母的这种幻想，他就能够支持孩子朝着幻灭的方向发展。当然，随之而来的是每个人都必须经历的磨难和困苦，例如渐进式的分离和间隙。

面对父母不可避免的（但正常的）疏忽，孩子逐渐接近了幻灭的基本阶段：他经历了挫折并学会应对，这要归功于陪伴他走上这条道路的父母。一岁后，由于微妙的意识，孩子会感知到这个过程的开始。他和其他人之间的界限现已确定。有时，这是一个痛苦的阶段，但也是一个必要的阶段。孩子不再处于完全融合的状态，他将经历一个正常的抑郁阶段（克莱因，1937年）。

例如，拒绝将他们自己的"玩具借给我"就证明了"我和你"之间的差异。这将给予孩子第一次认同感，同样给予他第一次孤独感。他真正地将自己视为一个独立的个体，父母能够离开他。当疏远开始产生时，父母必须支持孩子去经历一切。

我们会看到，因暂时分离而过于苦恼的父母不允许孩子成长，不允许他找到属于自己的特别时刻。面对尚未成熟的孩子，大人拥有强大的力量，可以将自己的观点强加给孩子，以至于使分离无法成为现实。同样，有些冷漠的父母则无法给予孩子足够的安全感，孩子也无法平静地体验分离。

渐渐地，父母会出现更频繁的缺席（诸如将孩子交给保姆、托儿所、学校），而孩子曾经幻想着母亲完全属于自己，但现在却意识到她并不完全属于他。母亲有义务和责任恢复到她的工作中。她有自己的事情，有除了孩子以外的生活，有伴侣、兄弟姐妹的孩子、朋友等，有自己的梦想。最初，她几乎完全专注于孩子，而现在的她则拥有更丰富的生活。

当父母认为孩子已经做好了准备时，孩子就会慢慢地学会自主，不会太早，不会太晚，也不会过于突然。重要的是，正是因为大人深知这点，他才能预见到孩子能够承受小挫折、小偏差和小别离。

矛盾的是，仍然依赖父母的孩子会试图表现得乖巧可爱，因为他认为过多的失望会使大人的爱消失。因失去或疏远产生的焦虑会使他对父母产生厌恶感，紧接着是内疚感或负罪感。

如果父母承认孩子可能会令他们有些失望，那么孩子同样知道父母也会让他失望，但这并不会破坏他们的关系。父母的爱会让孩子在愤怒和痛苦时感到安心。父母的回应有所差异并不意味着他们不那么爱孩子。就算孩子有时会表现出些许真正的愤怒，父母也会理解他正在经历成长中的挫折。孩子明白自己是有依赖性的，所以他想要走向独立。

在断奶阶段，通过勺子喂养导致婴儿的用餐过程断断续续。父母温柔地向婴儿表明，他们不会在他需要时就立即做出回应，他们不是无所不能的。那么，小家伙就会把食物打翻在地。是的，父母若不"称职"，孩子就会表示拒绝。

父母也可能会出错，他们没那么无懈可击。但他们可以教导孩子懂得限度和适应："啊！爸爸没有充分加热奶瓶。""妈妈走了，但你看，她又回来了。"交流中，重要的不一定是大人所用的词汇，而是孩子通过声音的音调和节奏、目光和手势所感受到的信息。这将传达包容和慈爱，这种倾注将更进一步保护着孩子。

产假结束后的复工日期对应着孩子学会与母亲稍微分开的第一个节点。一些母亲，也有一些父亲，让孩子一直黏着他们，直到孩子上幼儿园。有些情况下，甚至是义务教育最终使孩子从这一相对分离的阶段迈向独立化阶段。

在适应了幼儿时期的相对稳定的家庭氛围后，孩子将会从心理上开始脱离家庭。他将在学校得到充分发展，巩固自己在家庭之外的身份。在整个童年时期，他都将进行这项渐进式分离的实践,以便成人后与家人分开生活。父母必须支持孩子的这项实践,即使这项实践将父母排除在外。

学会接受陪伴和缺席

从出生第一年开始,孩子就会意识到自己需要父母的陪伴,但也会很快看到自己在第一次独立时所取得的进步。他必须接受生活中的短暂分离,这些经历会影响他的成长,并使他逐渐将自己与他人分开。大约在六七个月,他意识到父母经常不在的时候,他会害怕失去他们。他能明确地分辨熟悉面孔和陌生面孔。勒内·斯皮茨在1979年指出,在生命的第三个时期,"陌生面孔"意味着熟悉的事物可能消失。这就是陌生人焦虑期或"第八个月的焦虑"[1]。在此时期(有时甚至在第六或七个月之前),当亲人缺席时,孩子的反应是回避或避

---

[1] 在这个时期的婴儿怕见到陌生人或陌生环境。——编者注

开陌生面孔。他也可能开始哭泣，表现出恐慌和激动情绪。这并非对他人的拒绝，而是面对失去时的焦虑，意味着孩子正在经受与亲人分离、独自生活的考验。例如，日常生活中，祖父母很少与孙子共同生活，如果他们有一段时间没见过孙子，再见到孙子就会发现他可能会哭泣。此时他们不应感到震惊，相反，而应意识到孙子能够分辨不同的面孔了。一般来说，片刻之后，祖孙就可以在平静中建立起良好的关系。

长期害怕陌生人并且无法忍受分离的孩子可能已经表现出缺乏安全感、难以独自生活。而无法分辨熟悉和陌生以及能够快速与陌生人（他们有时甚至称其为"母亲"）"熟络"的孩子可能会缺乏依恋或安全感。之后，他们可能会陷入对情感的探求和依赖中，无法拥有真正的自主生活能力或自我保护能力。

过度要求孩子来满足自己的父母，会把孩子逼迫成一个照顾者，即一个支持和重视父母的人。如果孩子未能满足父母的要求或令他们失望，他可能会被抛弃。

"这孩子长得不像我们，我不认识他；他真令我失望；他经常哭个不停；他故意打扰我们……"

孩子很快就会感到不再被爱，父母的缺席会被其视为无法承受的损失。因此，为了避免面临这种威胁，他将变成另一个人——更聪明、更像父母理想中的孩子，但他却不能做他自己。

对于早产的婴儿，一位母亲试图长时间将他抱在怀里以使自己觉得被需要，但因经常受到刺激，婴儿会感到疲倦……所以儿科医生小心翼翼地将他放在保育箱中。母亲感到被拒绝，惊呼："难道你认为我不是一个合格的母亲吗？把孩子还给我。"我们觉得，孩子自身的需要未被倾听，他俨然已成为一个没有权利来表达失望的孩子：这对于父母来说似乎是难以忍受的。

母亲受孕后，腹中的孩子一开始就被认定是完美的；然后，父母放弃对完美之家的幻想，而选择面对现实。因为有时完美之家是不存在的，孩子会发现自己被一种使命所困，这种使命是成为一个无可指摘的、完美无瑕的人，以支持或配合他的父母。

在现实中被忽视的孩子无法发现自己的幻想和欲望，因为他的行为和思想都是被强加在他身上的，他无法找到自己的期望和兴趣所在。他会变得被动、顺从，对他人予取予求。然后，他会因分离而感到内疚，逐渐地，他会完全屈从。因为有种必须将所得之物还给父母的感觉，他无法变得自主，并且会感觉自己随时会让父母失望。父母会强烈地表达他们的痛苦，并且变得极难应付甚至因此而生病。在这种情况下，很多孩子很早就开始配合着父母，他们将自己"成人化"，失去了童年的无忧无虑。例如，孩子模仿大人照顾兄弟姐妹。

这些孩子很少为自己考虑，内心深处的需要也未被倾听，缺乏父母的关爱，逐渐地他可能会害怕被放弃、被抛弃。

在华特迪士尼公司出品的电影《小鹿斑比》中，小鹿斑比失去了母亲，感到非常焦虑和痛苦。看电影的孩子们对电影中一段猎人向小鹿母亲开枪的片段非常敏感。幸运的是，小鹿斑比的父亲接替了母亲的工作，在生活方面给予它指导，小鹿后来成了一只雄伟的森林鹿。在夏尔·佩罗(Charles Perrault)[1]的童话故事《小拇指》中，小拇指的父母计划抛弃他们无法养活的孩子，被遗弃的孩子们尝试着活下去。聪明的小拇指和他的兄弟们一起带着食人魔的所有财富回到了家中，"他受到了热烈的欢迎"。

听故事时，孩子始终希望父母的缺席只是暂时的；而后他会明白，随着自己的成长，他会逐渐摆脱对父母的原始依赖，过上自己的生活。

---

[1] 夏尔·佩罗，法国著名的文学家和童话作家，以《鹅妈妈的故事》而闻名，其中收录《灰姑娘》《小红帽》《蓝胡子》《穿靴子的猫》等著名童话故事。——译者注

第二章

分离的能力

学会分离,成为自己

隐藏是一种乐趣,但不被发现是一种灾难。

——唐纳德·温尼科特

随着身份的建立,孩子会意识到自己可以独立存在。他会尽量不辜负父母,不背叛父母。他并非完全自由,因为他仍然需要受到保护和教育。总的来说,他觉得自己有义务服从并坚守承诺,以免让父母失望。他很早就学会了忠诚[1]。

早期,孩子通常对成人拥有绝对的信任。他服从于父母的命令,对家庭的一切深信不疑。因为还未成熟,他仍然需要父母,所以不得不服从大人的权威。作为对这种服从和驯顺的回应,父母为孩子提供保护与帮助,并且会制定规则,这些都是孩子童年生活中所必需的安全保证。

尽管如此,孩子在儿时也会尝试摆脱这种状态。大约在两三岁时,他试图做出反抗,赋予自己一种"他是自由的和独立的"的错觉……他无视命令、打破规则、挑战禁忌,逐渐感觉自己在偏离轨道。

父母短暂的陪伴使孩子将自己定位成一个受规则约

---

[1] 忠诚(la loyauté),从词源上讲,指的是按照法律规定遵守承诺。伊凡·鲍斯泽门伊－纳吉(Ivan Boszormenyi-Nagy)首先将忠诚概念应用于有关家庭环境的论述中。——原书注

束的人，这构成了他自我肯定的关键阶段。因为他必须在认识到自己还是孩子的同时，感知到自己成长的意愿。

青春期时，他试图真正独立思考，所以他可能表现得十分叛逆，对抗、冲突和分离也频频出现。然而，他会重新认识到，无论是成为一个独特的成年人，还是进行社会交往，都存在着很多必不可少的限制。

我们还将看到父母如何一步一步地帮助孩子构建独特的身份，从而使他学会独立自主以及自我肯定。

亲子交流时，关系的不对称导致权利的不平等。如果这种关系源自父母的爱和馈赠[1]（而非父母与孩子之间的相互需要），那么随着孩子的成长，这种不对称性将会减少，他会开辟出一个可以独自生活的空间，同时保持对父母的尊重。

但有时分离并非易事。那么，当关系不再有进展时，主体是否必须刻意辜负周围的人才能获得成长？

---

[1] 约翰·鲍尔比认为，在灵长类动物中（包括人类），对被保护需求的满足确保了对自身生存的信心。借助依恋的概念，这里特别强调儿童和成人共同管理恐惧的方式。——原书注

平安长大的乐趣

只有在与亲人建立过良好依恋关系的前提下,一个人才能逐渐远离亲人,实现自主。正因被爱过,他才能逐渐接受分离,走上独立的道路。融合与分离是解放自我的两项重要活动。依恋与疏远、离开与回归、分离与重聚之间的关系灵活多变,这些都能让我们成为自己的主人。因此,我们可以利用童年早期获得的自信,在未来的生活中发展自我和坚持自我。

孩子会逐渐成长为一个懂得分离的自由个体。但在一开始时,他应选择一步一个脚印,稳中求进。与父母保持一点距离,但又不至于过远,接受父母离开自己的视线……这是他向前迈出的一大步。

儿时的捉迷藏、躲猫猫等游戏,表明孩子已掌握"在场—缺席"的"乐趣"。重复这类游戏时,他会感到欢欣雀跃,因为父母的脸庞隐藏后又会立即重现。这些儿童游戏旨在帮助孩子克服对失去的焦虑,同时激发他的好奇心。弗洛伊德描述过一种"线轴游戏",在该游戏中,孩子抛出一个线轴,然后通过拉线将其拽回,如此循环往复，代表着母亲的消失和再现。

渐渐地，父母不在场时，孩子建立起最初的记忆，记忆会使他所爱并想重新见到的人与物得以存在。起初，他能够找到藏在被子下的物品，然后逐渐地，他能够在脑海里回忆起家人。他了解了所谓的"对象持久性"[1]。他开始梦见缺席的母亲或父亲，梦到他们离开。当孩子接受父母缺席这一现实时，父母—孩子的纽带就不会再被破坏。通过这种经历，他的自主能力将第一次有所提高。

说"再见"时，孩子的哭声十分动人，这预示着父亲或母亲的离开。孩子可能会说："当你不在的时候，我希望你回来，我呼唤着你再次回来，因为我知道我们彼此都在牵挂着对方。"他寻求一种安全纽带，一种令人心安的依恋纽带，即使他仍然需要体验这种短暂的缺席。

分离时，一个孩子若是表现得恐惧万分、声嘶力

---

[1] "对象持久性"是儿童发展中的一个认知里程碑，指婴儿意识到物体即使在看不见的情况下依然存在。——编者注

竭地喊叫，这往往证明他生活在一个不够安全的环境中。依赖于他人，意味着他无法在他人缺席的情况下生存，也无法规划自己独特的成长之路。面对孩子的哭声，父母会下意识地觉得自己十分重要并设法安慰孩子，但这并不会给孩子的成长带来帮助。一位无法忍受眼泪和分离的母亲说："他太需要我了，我们不能分开。"另一位与孩子亲密无间的母亲声称："我的孩子不能和他父亲待在一起，他只在乎我是否在他身边。"

一般来讲，在分离时（父母重返职场，孩子进入幼儿园、被交由保姆临时照顾等），孩子哭的次数会越来越少，因为他慢慢相信父母最终会回来。他知道自己能再见到他们，即使他们离开，他也可以自我成长。因此，有必要教会孩子说"再见"，而且一开始父母就应支持他短暂地哭一会儿。

为了不让孩子哭泣，有的父母会悄声无息地溜走，孩子便无法得知他们的离去和归来。"我想尽一切办法，不让孩子注意到我的离开。"

毋庸置疑，父母是在保护自己。一旦他们消失在孩子的视线中，孩子便会号啕大哭，并经历更多的孤独、痛苦、失落和伤心。

孩子曾经认为他与父母会永远在一起，但现在却放弃了对"天堂"(子宫)的幻想。这样一来，他会更容易融入现实世界，遇见新鲜事物。正是父母和其他家人传递的安全感，使孩子能够逐渐迈向自主和独立的新阶段。

从精神分析的角度来看，孩子会学会内化或内摄父母形象(即将父母形象安置于内心)，以此来忍受分离的感觉。但是，只有当父母与孩子之间的关系令他们心满意足、充满信心并且不受距离影响时，双方才能顺利分开。这种安全感首先是父母提供的。与那些无法忍受与孩子分离的人不同，大多数父母知道分离是暂时的，而且是有益的……

孩子逐渐认识到，自己必须摆脱对他人的完全依赖，走向外部世界。第一次分离通常在父母与孩子之间发生。作为"第一次分离的第三方"，父亲将参与其中并扮演强调孩子不能一直黏在母亲身上的角色。母亲应向孩子表明，除了做母亲之外，她还有其他愿望，这有助于蹒跚学步的孩子对周围人产生兴趣，从而敞开心扉，找寻自我。喜欢和他人一起玩耍的孩子能够更好地成长。因为在通往自主的道路上，他能享受到家庭之外的乐趣。

这种成长，首先与他的运动能力以及空间探索与发现能力相对应。父母必须让孩子心神安定，因为他仍然需要他所爱之人，需要他们的陪伴和保护……他在需要父母的陪伴与想要探索外部世界之间来回穿梭，这些都会影响其后期的成长。

通过操纵或抓取物体，孩子逐渐建立自己的小世界。他为自己获得的新成就和能力而感到自豪。他想长大并被祝福。他开始对自己的行为负责。他觉得自己无所不能，为此他欣喜若狂。尽管年龄还很小，但他觉得自己已经长大了。他认同父母的力量，这证明了他渴望成长。所有这些快乐皆表明他正为独自生活做准备。

当父母陪伴孩子探索世界，让他亲身体验一切并重视取得的成绩时（就像必须教他别再任性妄为以及应该听话一样），良好成长或将成为可能。"那里不能去，这个不能碰，那个不能摔"，这些限制反过来会让他安心。无须试图让孩子过早学会自主，父母应告诉他，他们并不会离去；他们会为他清除阻碍，保护他免受危险，支持他接受新事物，当他过于焦虑时拥抱他……

然后,父母的保护逐渐"放松"下来。精神分析学家杰拉德·德谢尔夫(Gérard Decherf)强调:"如果父母想让孩子成为独立的存在,被他自己的欲望所驱使,摆脱俄狄浦斯情结,那么他们对孩子的保护,甚至必要时的过度保护,都必须得是暂时的,而要做到这一点,至少需要两个条件——幻灭和第三方介入(现实的见证者),尤其是父亲,当面对母婴分离的痛苦时,他必须懂得如何尽其所能。"(2003年)

温尼科特认为,儿童通过逐步构建"过渡对象"来适应自身成长(1971年)。他会找到有助于他应对分离、缺席、期望和挫折的临时对象,例如一个可爱的小玩具、洋娃娃、泰迪熊玩偶等,这些都可成为安慰者,或充当重要的伴侣,或取代缺席的亲人,以缓解其因过于恐惧而产生的孤独感。最初,上述对象能够帮助孩子否认与父母分离的现实,因为它们象征着母亲或家庭所带来的所有保护。温尼科特将该类对象称为"过渡对象"。孩子逐渐长大后,毛绒玩具等不再被需要,幸福的记忆、温馨的气氛和牢固的纽带就已足够满足孩子,它们将被孩子最大限度地内化和吸收。

在童话或寓言故事中，年轻的主人公通常随身携带或常去查看母亲或父母的信物（例如，丝带、魔法种子、宠物、忠告信、父母坟墓旁的一棵树）。如此一来，孩子在离家时就承载着父母的保护、祝福和期望。这种安全感如影随形，隐藏于心，默默支持他面对未来成长过程中的所有考验。

正是由于将父母的保护与爱内化成安全感，他才能够走上自我成长的道路。但矛盾的是，随着他逐渐长大成人，他对父母的依赖需求却愈来愈少。

管理部分自由

孩子将逐渐学会照顾自己并保护自己，可以说他获得了自我管理（像父母照顾自己一样）的能力。他将有益的经验内化成技能，在不久的将来，这些技能将帮助他成为自己的主人。他的自我管理能力将越来越强，他将学会独自生活。成长，意味着对个人的快乐与痛苦进行良好的管理。

童话故事经常向我们展示带着安全感成长的好处。

贝特尔海姆引用英国著名的童话故事《三只小猪》来说明自主能力的重要性，即一个人能够不再依赖他人，独自生活的能力。对他而言，"三只小猪建造的房屋，象征着人类在整个历史进程中的进步"。

在这个故事中，房子代表着每个孩子的心理发展阶段，他们从一个由快乐和依赖原则主导的世界，过渡到由现实原则和自主能力主导的世界。这些阶段的交叉重叠必不可少，因为在每个阶段，孩子都会逐步构建内在的稳定性和独立性。

第一头小猪的稻草屋摇摇欲坠、岌岌可危。因为他只想出去玩耍，以便获得即时满足，建造时只求草草了事。他为自己可以建造房屋而感到自豪，但他更关心的还是自己的快乐，而非房屋的质量。他粗心大意，不考虑未来，因此他无法应对突如其来的危险。这个稻草屋代表着那些仍然依赖父母而无法独自生活的人。父母的房子和家庭的保护，对他而言是被包容和保护的必要条件，因为他还没有属于自己的"坚实的心房"，他建的"房子"不够坚实牢固，即他没有"强大的内心"。不久之后，从父母那里继承而来的"房子"才能让他建立自己的"遮风避雨之地"。

第二只小猪正在建造一座木屋，他似乎已经意识到要考虑现实因素。他的超我（即内化了法律规范和自我理想的他）发出警告：第一次的成长经历让他意识到危险的存在。但他对危险的程度尚不了解，他建造得太快了，付出的努力也远远不够。他想在不考虑所有现实的情况下争取时间玩耍。他的内心不够坚定，难以获得自主能力，仍然依赖父母生活。

第三只小猪正在盖砖房。他不再惦记着玩耍的乐趣，而是放眼于未来，并学会了自我管理，以便保护自己。他将打败以狼为代表的最猛烈的外在力量。他能够做到自我约束，不让自己处于危险之中。在童年的早期阶段，他一定受到过父母慈爱式、引导式的安全教育。他已经能够面对自身的局限，应对生活中的挫折。他已获得足够的信心，现在可以照顾好自己。可以说，他已跃升为自己的"父母"。他逐渐长大，变得通情达理，并因此得到了回报。他可以不受灾难性焦虑的支配而独自生活，因为他知道如何在生活中保护自己。内心世界的构建将增强一个人独立生活和思考的能力。

故事中的第三只小猪，在经历磨难后获得了更大的乐趣。这不再是一种短暂的快乐，而是持续努力后得到的持久回报。狼成为盘中餐，小猪饱食一顿，最重要的是，他活了下来。分离的挫败感在重逢时会转化为更大的满足感。快乐虽被延迟，但却变得更加确切。此外，在我们看来，第三只小猪有能力保护他人，当面对生命危险时他尽职尽责、奋不顾身……他一定可以顺利地组建自己的家庭。

即使父母在场，孩子也能够继续增强自我管理的能力。独立能力的不断提高，表明孩子在情感上已经足够成熟。温尼科特强调，这是发展中的一个成熟阶段，在这个阶段，尽管母亲在身边，但孩子还是会感到孤独(1958年)。

独处不应与孤僻、自我封闭和逃避他人混为一谈；相反，独处是一种扩展心理空间的内在能力。正如我们在第一章中所提到的，独处得益于早期幻想和做梦的能力。

父母不支持孩子寻求独立成长，对孩子毫无益处。没有安全感或被父母囚禁、被疏远、被压制的孩子，将无法实现自我成长。

必不可少的自我亲密关系

个人（或群体）身份的建构是建立在自我亲密关系的基础上的，这种亲密关系标志着一个人的独特性和自主性。生命之初，与他人的原始亲密关系应是稳固的（达尔希，2003年）。

自我亲密关系被定义为：在一处私人空间中，人们可以找到自我，进而关注内心深处的东西。自我亲密关系使人们能够拥有一个个人世界，一个区别于他人的世界：它既是内在、秘密的，也是个人、私密的。自我亲密关系是他人不知道的，只归自己所有，为自己所保护和隐藏（如私密日记、个人想法、私人洗手间等）。

随着不断地成长，自我亲密关系建立在可接受的孤独之上。作为成年人，自主性会在这种关系中得到巩固。孩子逐渐内化他所爱之人的存在，由此获得了在心理上独自生活的能力。

法国精神病学家塞尔日·蒂斯龙（Serge Tisseron）注意到，自一开始，孩子"想象他脑海中发生的一切都已被父母看到或听到"，他可能会对自己撒谎，这将让他意识到自我亲密关系的存在。法国精神分析学家皮耶拉·奥拉尼耶（Piera Aulagnier）认为，孩子需要一个属于自己的空间，来反照自己、想象自己和创造自己。

"我脑海中的想法来自于我、属于我；如果下定决心，我可以把我的想法只告诉给自己，或者分享给任何我乐意分享的人。我可以在内心进行反思和推理，并给出验证后的结果。"

精神生活就这样丰富起来。父母通过关心、同情和爱护，来回应孩子最初的需求，他们应懂得尊重孩子的隐私，因为有时候，有些家庭所渴望的绝对透明公开的世界，是一个极其不健康的世界。

还有，需要记住的是，亲密关系同样意味着一个让人感到舒适自在的环境，如一个温馨且安全的地方或一个隐秘的角落。这是一种熟悉的环境，让我们产生归属感，同时洋溢着幸福感，让我们想起童年时在家庭中所获得的亲密感（达尔希，2003年）。

随着年龄的增长，孩子对这些能够激发归属感的地方特别敏感。他希望拥有自己的玩具,然后是小办公室、卧室和浴室等,并且想对它们刻上标记。这表明他需要个人空间,并想要以自己的名义提出各类需求。自己的空间(内部的和私人的),有助于清楚地界定什么是内部、什么是外部(相对于公众可进入的空间而言)。

亲密关系还存在另一面在于以更深入的方式将两个或更多人联系在一起:情同手足的、高山流水的、相濡以沫的……正是因为亲密关系,人与人之间变得团结友爱、愿意分享个人秘密、进行深度交流、建立信任等。"亲密得像双手的十指,形影不离……"等表达就是证明。"两人之间可建立亲密关系……当他们相处融洽、情投意合时,他们就是亲密的。"(艾格,1999年)

在自我亲密关系中,不存在沟通障碍。在每个人内心深处,很大程度上都存在着一个不为自己所知的世界,我们会与其进行"双向"和深入的交流。在与他人的亲密关系中,这个世界可能会再次出现,并与他人的无意识产生共鸣。与家庭第一次亲密接触的印记,会使孩子从中受益,并且能促使他与他人进行更深入、更亲密的接触。

矛盾的是,这些关系需要个人拥有独处的能力,只有这样，才能遇到另一个特立独行、与众不同的人。亲密关系对于身份建构非常重要。正是由于拥有内心安全感和自主能力，我们才能够构建身份，遇到与自己不同的人，并在与其日渐熟悉的过程中产生共鸣。

结识新朋友的愿望能让我们向他人敞开心扉、丰富自我。只有对个人身份的认知足够明确和稳固，我们才能与他人建立联系，进行真正的接触。我们将看到，身份认知的脆弱性会导致关系建立时发生意外，或在与他人相遇时产生混乱。

因此，是否能与他人建立亲密关系并且互通有无，取决于原生群体，并与对家庭的认知密切相关。自主的家庭身份将能够更好地被孩子接纳，并将其转化为个人所有，这使他能够拥有自我亲密关系，有能力过自己的生活，与他人建立起真正的联系。

很多时候，我们都需要通过独处来强化自我、解放自我。这是人类的悖论之一：既需要相互联系，同时又要学会自主和分离。如果父母允许这种成长，那么孩子的安全感就会得到加强。亲密关系和个体独特性的构建，会给人一种能过上真实生活的感觉。

然而，在寻找自我道路的过程中，有些人并未得到帮助，这些孩子无法找到并受益于自身的独特性。要么是被早早地放任不管，经常一个人待着，不然就是父母过度控制他，未教他如何去独立生活。

一般而言，当独自一人时，孩子会感到百无聊赖，变得焦躁不安，并要求他人在场，好像没有他人就无法独自生存一样。他要求得到周围人无微不至的照顾，因此他习惯于依赖他人。或者，孩子会心生愧疚，变得过于乖巧，没有内心生活，无法享受相对的孤独。他可能会感到空虚、沮丧，并且难以从自己身上获得能量。

如何了解自身局限并建构自我？

正是因为父母，孩子才第一次懂得什么是明令禁止、什么是悲观情绪，这有利于强化他对身份和个体自主性的认知。孩子在意识到自身局限时，也许会哭泣，父母必须要忍受无视孩子哭泣的折磨。然而，对于一些人而言，对孩子说"不"就等于实施"暴力"。

"我做不到对他说'不',因为我会心痛,我害怕看到他哭泣",一位在童年时曾被虐待过的父亲说。对于不受限制并逐渐变得愤怒和专横的儿子来说,这是多么不幸。晚上睡觉时,这些都会变成父亲的噩梦,他似乎难以找到内心的平静。

要知道,孩子未得到他所要求的一切,因此而产生悲观情绪是成长中美好且必要的一步。重视孩子的真实想法,便能让孩子找到一种安全感,继而也就不会对父母发号施令。认识自我后,孩子便会发现童年能够无忧无虑的关键在于对父母能否被高度依赖。当父母知道如何为孩子做决定,暂时代替他思考,关心照顾他,对他负责时,孩子很快就会学会如何去完全掌控自己。

在这种情况下,孩子会感到非常安全,小时候的焦虑消失殆尽。他会对自己说:"爸爸和妈妈是比我更坚强的成年人,他们是家中做决定的人。他们知道我需要什么,他们可以保护我。"

孩子需要几个月或几年时间才能学会认识自己。

如果这种对孩子说"不"的教育不是从一出生就开始的话，那么三岁左右的"叛逆期"将会更加难挨。这绝不是在虐待孩子，而是为了让他感受亲子之间的代际差异、层级关系。如果频繁地妥协于孩子的心血来潮、任性妄为，父母会失去权威，而且会使孩子面临极大的不安全感。

父母应根据日常生活做出调整，让孩子知道自己是谁以及规则是什么；决定应当由父母来做，如"那这次我就批准了"。要注意，必须教导孩子说到做到："我刚刚已经宽限了十分钟，现在你该结束游戏了。"父母必须要有耐心，因为孩子需要数月时间才能明白自己必须服从。另一方面，父母面临的挑战在于履行责任，不应通过实施暴力，而应在爱的教育中倾听孩子的需要。

不坚持立场的父母往往会屈服于孩子的要求。这样代际关系便颠倒了：孩子似乎主导着父母的生活节奏！或者父母在孩子的固执面前崩溃，精疲力竭的父母就开始大喊大叫，以"吓唬"作为主要教育方式："当他害怕我时，他就会服从。但是当我不喊叫时，他就想打我。"

在这种情况下成长的孩子无法真正独立生活。他们陷入恶性循环，总是试图为自己辩护。"我是最厉害的，我总是获胜……"一个经常攻击同学的孩子如是说。如果父母对孩子也会实施暴力，那么将进一步强化他的攻击行为。

近几十年来，很多父母在一定程度上失去了基本的教育底线和教导孩子的能力。"儿童国王"和"儿童权利"的概念催生出一些好的结果，但有时也混淆了虐待孩子、教育孩子和满足孩子之间的界限。一些父母让孩子处于比同龄人大的错觉中；另一些父母认为，打击孩子就是对他施暴或让他妥协——"很难做到不去满足他"。

在这些情况下，颠倒位置的"幻想"使孩子相信他支配着父母，或者至少和父母处于平等的地位。父母可能为这个"早熟且有逻辑"的小男子汉而自豪，或以这个"成熟且富有魅力"的小女孩而骄傲；但危险就在于代际边界的模糊和童年天真的丧失。作为孩子，如何找准自己的定位，并能够独立生活？在流动的心灵沙丘上，任何健全、合理的东西都无法真正建立起来。

一个孩子当"小国王"太久，他很快就会变成一

个"成年人",他并没有从童年的无忧无虑中受益。他表面上可能成熟稳重,但实际上却焦虑不安,容易自我怀疑:

"大家都认为我外表强大,但在内心深处,我却时时都在怀疑自己!"

孩子的要求表现为无休止的辩解或对一切人和事的愤怒。这些要求将在与对幻灭的恐惧做斗争时被无限放大:孩子可能会出现难以入眠、常做噩梦、深度焦虑、反复抑郁、自我否认等许多症状,这些症状与生活或与他人关系的建立有关。

对于已经成长为青少年的孩子来说,若父母不懂如何正确管理孩子,那么他的成长将面临困难。他不会明白延迟满足的必要性,所以他认为自己的需求必须被立刻满足。更何况,很多父母会过快、过于频繁地做出回应。在青春期的孩子面对挫折时,不具备延迟满足的能力将会引发暴力。

当今社会强化了消费欲望和即时满足感的重要性,

这种在近几十年来被高估的行为并未在控制欲望方面发挥积极作用。尽管即时满足和陪伴对孩子来说不可或缺，但孩子通过了解自身的局限而逐渐走向自主，对于其心理发展至关重要。要成为"自己"，经历挫折就必不可少，父母的爱必须适应孩子的变化。设定界限是一种充满爱的教育行为，应尽早开始。

渐渐地，通过接受要服从大人的事实，孩子找准了自己的定位，从而获得真正的成长。不是以完全顺从的方式，而是通过理解、接受和内化大人为他提供的安全感及界限感。一个被宠坏的孩子会认为外面的世界令人沮丧或危险重重，他可能想一辈子都待在"避风港"（家庭）里。

允许孩子逐渐独立是其成长的必要条件，但有些父母有时会觉得无法与孩子分开。将孩子委托给祖父母或邻居对有些父母来说往往意味着孩子会遭遇危险，这让他们重返职场变得非常困难。在第一次必要的分离前夕，缺乏安全感的孩子会不停地哭泣且难以被安抚，这是在向父母证明他无法忍受分离。父母会因此"想象"到孩子强烈的爱意，即使哭泣似乎让他们感到困扰，他们也常常无意识地从中感受爱……

这类父母会把孩子带入死胡同:"他不够独立,不想离家太远。而且不得不说,我们的社会很危险,所以我总是陪着他上学。"

法国儿童精神病学家丹尼尔·马瑟利(Danier Marcelli)说,"个性的形成必须经过磨合,因为它并非与生俱来"。孩子要摆脱父母的监管,必须经历几个阶段,父母需要帮助他打下坚实的基础。他将成为一个独立的个体,他将法律、规则等内化于心,他为自己的意愿而采取行动,不再接受(或反对)父母的命令。事实上,他不再真正需要父母的命令:他获得自主性,懂得自我管理;他拥有在生活中、在人际关系(友情、爱情、工作等)中独立做出选择的能力。懂得选择意味着学会放弃,同时尊重对方的不同选择。

"我的身体、思想归我自己所有,其他任何人都无权使用。属于我的东西是合情合理的,同样,我也会尊重他人的权利。"

当每个人的角色都变得模糊不清

目前,"父母权威"这一概念已经发生了变化。我们有时会有一种感觉,权威已经转移到孩子身上。孩子的需求被极度重视。重要的不再是教育,而是通过满足孩子的愿望来助其成长。因此,父母必须就孩子的表达方式以及他的请求和要求做出调整。那些不再"发布规则"、发号施令、对孩子耳提面命的父母甚至似乎对孩子言听计从。但之后,为了重新获得控制权,父母必须对孩子恐吓、喊叫、暴力威胁……

同样,在满足孩子、避免孩子焦虑、不让孩子感到不安的幻想中,这些父母试图想要保护免受他们臆想中的不公正对待(例如让孩子的兄弟姐妹享有特权而损害他的利益)。他们将差异视为不公平,认为兄弟姐妹应是平等的。但大人会不知不觉、不由自主地引发兄弟姐妹之间的嫉妒和冲突。

在多孩家庭中每个孩子都处于不同的发展阶段,父母应尊重他们之间的差异,这十分重要。他们应根据每个孩子的年龄、敏感度或实际需要采取不同的教育方式。长此以往,每个孩子才能安稳地度过每个重要阶段，按照自己的步调迈向独立。

如果一个孩子在面对兄弟姐妹时感到不公平，很可能是他忘记了被爱、被温暖、被满足好奇心、被带领着认识世界的时刻……对此可以友善地做出提醒：每个孩子都会收获父母的精心养育，只不过方式可能不同。不了解这些差异的孩子会自认为被忽视、被差异化对待，并且可能会感到极度不安。

"谁都会轮到。现在是你的弟弟需要我。等轮到你，你将知道我仍然爱你，那将是一件美好的事情。"

如果孩子顽固不化并且继续怨声载道，如果他要求父母或心心念念的人时刻陪在自己身旁，那么必须提醒他，父母知道每个孩子的需求，并且这些需求都有所不同。如果父母并未感到内疚或焦虑，且他们是完全公平的；如果每个孩子都能从中受益，且特殊性得到了尊重，那么他们就会热衷于分享，并且从中学会很多东西。正是父母给予的安全感抚慰了他们，他们会明白，爱不是一成不变的平等。

换句话说，孩子之间的差异越大，每个人就越能发现自己的独特性。"一碗水端平"（对每个孩子都做同样的事情）的父母（有时他们还会为此而自豪）会给孩子带来有关不公平的焦虑和幻想，然后孩子们会时刻寻找最细微的差异……家庭气氛将因此受到影响：争吵、哭诉，或者每个人低头数着自己盘子里的豌豆……

开始独立思考

孩子天真、原始的想法会逐渐消失。如果家庭观念和规则是合理可行的，那么它们会帮助孩子进行思考和理解；相反，如果观念和规则过于僵化或禁止被质疑，那么就会阻碍孩子的发展和成长。如果父母过于纵容，孩子就会觉得自己无所不能，进而难以自我约束和自我建构。

当孩子开始质疑和改变自己的观点时，他的思维能力就开始显现。首先是"为什么"时期：他表现出好奇心，并且渴望学习。然后他会试图去辨别真假，并敢于质疑家人的意见或观点。

"我问自己：圣诞老人似乎真的存在，因为这是事实。我见过他……但我也听说是父母将礼物藏在圣诞树下……圣诞老人真的存在吗？"

孩子会开始怀疑父母所言之事、观点的真实性。他开始察觉到每个人都有模棱两可、矛盾怀疑和主观臆断的心理。

就其未来而言，重要的是，孩子需要感觉到自己被倾听。他是一个独立的人，他有权进行思考，即使他不确定他的想法是否正确，换言之，他有"我相信"的权利，同时也有"我怀疑"的权利。

孩子会接受他所看到和听到的内容，以便形成自己的观点。他会出现矛盾情绪：他仍然觉得父母是可靠的，但也是主观的、不完美的，有时可能还是有点不公平的。他不得不理解他们的不完美（如果他们允许的话），同时接受一定程度上的约束，即使父母有时会犯错。这会使他意识到一件事：他自己也不完美。若能更好地了解彼此，实乃一件幸事！

为了证明自己，孩子试图打破一系列限制，父母必须接受他自己去弄明白他要成为什么样的人，接受他做一些与他们意愿相左的事情。然而，有些大人仍然停留在自己的"教育岗位"上，而不是在相互尊重的前提下管教孩子。

"我不想再上学了……""你要去上学，这是你的义务，是法律规定的……"孩子被要求学会服从法律，服从父母制定的那些普遍规则以及教授给他们的规则。但孩子应对规则有自己的判断，以便在未来实现独立自主。

传统意义上，孩子必须尊敬和尊重他的父母。动词"honorer"（尊敬）在希腊语中的意思是"重视对方，赋予……价值"。这意味着孩子必须足够忠诚并服从父母的权威、教育、规则和决定，同时又要找到自己的道路。听大人的话，并真心实意地接受他们的关怀和教导，孩子也会从自己身上找到一种自我认同感，从而巩固他的身份认知。

在家庭中，互相尊重、尽职尽责、相爱相惜、接受差异，能够让家庭变得更加美好和和谐，但同样也意味着每天都要经历寻找、质疑和超越。没有人是完美无瑕的。但是，如果原生家庭的大熔炉阻碍了孩子的成长之旅呢？

第三章

独立生活:艰难之旅
如何摆脱生活的羁绊

不要因为一朵玫瑰刺伤了你，就讨厌所有玫瑰。

——安托万·德·圣-埃克苏佩里（Antoine de Saint-Exupéry）

一个在成长过程中得到充分陪伴的人，不太需要为了自己的存在而辜负他人，因为父母的善解人意和通情达理让他可以处理意想不到和不可预见的事情，以及有关人际关系的特有烦恼。若成年之前，他拥有自己的隐私和个人空间；成年之后，他就会成为自己的主人，独立生活。

为了获得实质意义上的自主，孩子既要表达自己的幸福，也要表达自己的不适；既要表达自己的快乐，也要表达自己的不满。他应能够释放内心的紧张情绪，并且这些情绪要能够被倾听和理解。如果父母能够在孩子生气甚至出现攻击性行为时包容他，孩子就会逐渐了解自己、发现自己，并建构自己的身份。尽管父母可能会暂时感到失望，但他们的责任是引导孩子度过成长的必要阶段。父母应表现得温和不软弱，去感受孩子也在做出改变。

过于刻板、自恋、管不住孩子、妨碍孩子健康成长的父母，会阻碍孩子走向成熟。

"你必须按照我的意愿行事，不要发表你的意见，这会给我们丢脸。"

成年人可能无法从令人失望的孩子身上看到自己的影子，因为这个孩子有时对他们而言已经变得陌生。在未被好好管教的情况下，孩子的成长会陷入停滞：要么继续与家人生活在一起以"取悦"他们，要么通过断绝关系来寻求自己被压制的独特性。

在一些情况下，处于反常的家庭关系中的孩子意识不到家中没有他的一席之地。为了不被放弃、不失去家人的爱，长期以来他都选择逆来顺受。循规蹈矩似乎是一种取悦成年人的办法，但诱惑、控制或破坏性惩罚和暴力等，同样也可能是他人生中的必经之路。孩子的发展受到阻碍：他变得越来越易受外界影响，甚至开始自欺欺人；他将错误都归结于自己；他坚持不懈地追求爱情，甚至讲故事给自己听，对自己撒谎，同时仍然试图去取悦自己。内疚感似乎让他更倾向于满足他人的要求，但这实际上对他的成长毫无益处。

相反，有些孩子即使冒着让父母失望的危险，也会进行反抗。他力求斩断自己的根源，但无法斩断对父母的依赖。这种依赖可能会持续到成年。

受到阻碍的自我成长

在一些家庭中，孩子无权表达自己的需要、欲望、愿望甚至是梦想，他被禁止质疑周围人的行为或言语。例如，他被要求保持忠诚、不能有独立的思想，还要获得完美的成功。因此，他就会强迫自己永远保持理智和严谨、慷慨大方而不令人失望，以免惹恼或伤害他人。他的"使命"是不麻烦或不打扰他人。

实际上，父母的要求过高时，孩子会发现他很难实现被强加在自己身上的梦想，或者很难区分他可以期望什么和必须做什么。他感到自己走入了一条死胡同，一条阻碍他走上自主之路的死胡同。

这样的孩子往往害怕辜负他人。他想通过满足父母的愿望使自己变得更加完美、更加理想。他配合父母实现代际关系的颠倒：把自己变成一个"小大人"以保护和帮助父母，但自己的生理或心理健康往往会受到损害，其真正的个性难以得到发展。

在这种无法促进成长的环境中，孩子往往过早地被要求有责任感。

"让妈妈安静一会,你要懂得如何去保护她和帮助她";"你是大人了,你应该知道弟弟需要什么,你要努力点";"你真不让人省心,你真让我们失望,你还抱怨我们对你关心少了";等等。

"被成人化"的孩子,外表看似坚强、成熟,内心却隐藏着极大的不安。矛盾的是,一些孩子看似被过分保护,而实际上却很少受到关注和疼爱。事实上,这类父母的主要作用不是倾听孩子,而是希望被孩子治愈或满足。

"父母打着关心我的幌子,其实他们只想着自己……有时候我已经不知道自己是谁;更糟糕的是,我已经不知道自己是不是孩子……"

因此,这类孩子习惯将他人置于自己之前,不敢让自己成为被关注的中心。他有一种无处安放自我的感觉。在面对日常生活的挑战时,他可能会感到尴尬、困惑、无所适从,有时会无法做出决定,需要鼓励或建议。这都表明了他对父母保有依赖。

如果这种对于成长的盲目性持续下去，即使到了成年，他仍会依赖他人，并继续掩饰自己的内心，同时认为通过顺从他人就可以走上正确的道路。他害怕如果不优先考虑对方，就不再被爱，因此他永远都谨慎、慷慨，凭靠迎合他人的眼光或倾听他人的痛苦来生活。

追求爱的孩子依赖于精神存在，而非现实生活。由于情感和亲情的缺失，他无法从内心深处坚定地认同自己，没有自我意识。他无法将父母持久的爱内化，这使他陷入感到被放弃、被抛弃、最终不被爱的痛苦之中。强烈的不安全感导致他无法独立行事，因此无法坚持自我。

事实上，他可能会发现自己很难拒绝为他人提供帮助并尽可能避免冲突或争吵。面对分歧、误解或疏远时，他常常表现出焦虑，以及对自己越来越挑剔。

"我一无是处，天真幼稚，一事无成，不够大方。"

渐渐地，他可能开始期望付出与回报成正比，但这根本无法完全实现。因此，他表现得极度痛苦、愤怒，会转而去责备他人。成年后，他可能需要伴侣或孩子的特别关注，同时出现各种心理症状（消极抑郁、多重人格、反复发怒等）。他生活在对被放弃、被遗忘、被抛弃的长期恐惧之中，并渴望去确认他赖以生存的爱不会消失。

"如果我不服从，如果我批评、诋毁我的父母，我会被抛弃还是仍然被爱？最重要的是：父母能忍受我的缺点吗？我的行为会不会伤害母亲？我很害怕……"

他无法确定父母的爱能否经受住失望的考验。也许有时在冷漠无情的成年人面前，他是对的。

并不是突然的分离就能真正地断绝依赖。不过，为了保护自己而进行彻底割裂有时仍不失为一种对策，但好在这种方法的必要性被证明是十分低的……

荆棘之路和"吸血鬼"之路

众所周知，一个被忽视、被放弃并遭受重大创伤的孩子是很难获得内心的安全感的，他无法平静地过自己的生活。如果孤独感再加上被遗弃或被排挤的经历，他会变得非常痛苦，甚至存在感和生命力都会被削弱。

一个习惯于满足父母需要的孩子，难以进行自我辨别和自我构建。在这些情况下（通常更难被察觉），父母似乎在无微不至地照顾着孩子，实际上，他们从孩子身上汲取能量，这种能量将满足他们，支持他们，甚至支撑着他们得以生活下去。可以将这种父母比作"吸血鬼"：为了生存，他们吸食受害者的血，而自己却滴血不流（艾格，2017年）。被掠夺生命能量的孩子以及成年后的他（因为这种联系可以持续很长时间）会在内心深处产生一种巨大的孤独感，一种阻碍未来情感和社会关系正常发展的感觉。

有时孩子并未意识到这种破坏性关系的影响，因为父母可以表现得令人钦佩、无所不能，使孩子受到蒙蔽。

"我做不到。我的母亲是个了不起的人，令我望尘莫及。她非常勇敢，不辞辛劳地养育了五个孩子，而我自己只有一个孩子，我觉得自己还不够坚强。"作为兄弟姐妹中的老大，母亲将她视为一个可以帮着照顾弟弟妹妹的"小大人"。她支持母亲，为此不惜牺牲了自己。她抑制欲望与渴望。她不敢与母亲发生矛盾，也避免给她带来任何不必要的麻烦。

当孩子以这种方式与父母相处时，他会非常脆弱，以至于长大成人后他不再相信自己。他似乎已经精疲力竭，整个人被掏空。这种相处模式或家庭氛围可能会导致出现抑郁或其他身体问题。

父母能够或多或少、有意识地从孩子的帮助和安慰中获得某种快乐，他们甚至可以从孩子身上索取某种价值感，并在这种混乱的代际关系中获得一种并不健全的快乐。例如，孩子被视作成人，以代替父亲或母亲，或者为他们提供快乐。一些被蒙敝的孩子认为取悦成年人是一种责任。父母就如同"侵略者"一般，即使从外部现实中消失，但却依然困扰着孩子的内心。

匈牙利精神病学家桑多尔·费伦齐（Sándor Ferenczi）在《成人与孩子之间的语言混乱》（Confusion de langue entre les adultes et l'enfant, 1933年）的演讲中表明，孩子在身体和精神上都会体会到一种无助；他的个性过于软弱，无法反抗，就连在思想上也是如此。成年人压倒性的力量和权威使他沉默寡言，甚至可能使他迷失方向。当这种恐惧达到顶峰时，孩子就不得不自动服从于"攻击者"的意志，猜测他的欲望，同时完全认同攻击者并忘记自我。攻击者摧毁了"受害者"独立生活的机会。

后来，通过对攻击者的认同，孩子会产生一种他人未曾重视的内疚感：玩没有伤害性的游戏也被认为应该受到谴责或惩罚。孩子越感到内疚，就越强烈地想要停止成长。

在这些控制行为的背后，我们看到的是家庭、父母的无所不在与无所不能。但与此同时，我们也隐隐约约地看到，这些脆弱的成年人在利用孩子来获得生命的能量。这体现了父母的不安全感以及心理上的缺陷（有时被夸大的力量和权威所掩盖）。在很长一段时间内，孩子可能认为他与家庭的关系就只能如此，因为在这种家庭环境中父母的需求是优先于孩子的，这将损害孩子的成长。

哈米德是四个孩子中的老大，他总是勤勤恳恳地帮助含辛茹苦的母亲。当他还是个少年时，父亲就因意外而过世，从此之后他便成为家里的顶梁柱，负责照顾母亲及弟弟妹妹。当他工作后，薪水全部用来养活整个家庭……后来，他交往过几任女友，但是母亲对她们百般挑剔，认为没有人能配得上自己的儿子。母亲为他找过很多对象，但没有哈米德中意的。渐渐地，他对夫妻生活不再抱有希望。四十岁时仍然孑然一身，他在离家不远的地方租了一套公寓以便自己能继续照顾母亲。他无法完全独立地生活，他不敢让母亲失望，他不愿寻找伴侣并组建自己的家庭。

上述情况是母亲对自己身份和权力的一种滥用，这种滥用使孩子无法过上自己的生活。

在鲍里斯·维安（Boris Vian）的电影《伤心》（*L'Arrache-cœur*）中，女主克莱芒蒂娜是一位无法忍受与孩子分开、让孩子独立的母亲。一旦孩子们不在她面前,她就会想象最糟糕的情况。作为一个独断专制的母亲,她逐渐阻止孩子们外出,因为她认为他们有可能会身陷无法预料的危险:"可能会有一场突如其来的狂风吹断树枝,将他们压倒。如果突然下雨,如果他们出汗……他们会胸闷,或者得胸膜炎,或者小儿麻痹症,或者伤寒,或者猩红热,或者麻疹,或者水痘,或者某种还未被命名的疾病……她要预见危险!没错,一个母亲必须未雨绸缪,预见一切。"

对这样一位母亲而言,任何一次分开都被视为危险。她希望孩子长不大,这样就可以一直留在她的身边。

克莱芒蒂娜最终在花园周围筑起一堵墙,把三个孩子锁在屋里。她建造了三个笼子,每个笼子里放一个孩子,然后全身心地投入对他们的照顾之中。可以预想孩子们那暗淡的未来:没有自主和自由。等到笼子的门被偶然打开的那一天,他们将永远离开,独自飞翔。

成长过程中,孩子需要被保护,更需要感受世界,找到自己的独特性,找到自己的思想,用自己的"眼睛"来看待问题，看待自己……

父母既肩负着照顾、保护和教育孩子的责任，也肩负着"放手"的责任，这将保证孩子健康成长。一般情况下，孩子会意识到自己需要帮助，因为如果没有监护人的存在，他会感到无法成长。但同样重要的是要相信自己，以便将自己与他人、父母、兄弟、姐妹、亲戚和同龄人区分开来……成长意味着坚持自己的观点，尝试独立思考，不再把一切都强加给自己，并且能够正确地看待事情。

过度亲密的关系让人窒息

有时候父母发现他们很难准确知晓孩子的真正需求，他们无法在过度亲密和不够亲密之间找到平衡。为了不感到痛苦、自我治愈或自我保护，他们甚至可以在潜意识中抱有幻想，想象他们的要求是为了孩子着想。当他们慷慨地回应孩子的需求时，他们可能会呈现出理想的、无私奉献的父母形象，然而实际上他们满足的是自己的需求。

如果说在很小的时候，未分化对孩子来说至关重要，那么对于这些无法忍受第一次分离、孩子的变化或与孩子产生冲突的大人来说，这似乎也同样重要。这是一种投射机制，大人会反过来将孩子无法自主生活归咎于其本身。孩子不能令人失望，因为他们必须是最能满足父母需求的理想型孩子。

让我们引用那些很早就将孩子塑造成需要过度亲密关系的形象的父母的话，他们似乎在反过来指责孩子：

"我的孩子无法忍受自己待在他的小床上，他一个人睡不着。他需要把我的乳头或小指放在嘴里。这样做的结果是，我成为唯一能让他平静下来的人。我以为这种情况会随着时间流逝而慢慢消失，但事实是，情况变得比以前更糟了，即使他马上要满五个月了，还是要一边吮吸我的乳汁，一边打盹。我身心俱疲，因为晚上他每半小时都会醒来一次，我必须交替递上小指和乳头才能让他重新入睡。我再也受不了了。"

"我十八个月大的女儿只需要我一个人，当她不在我怀里时，我就必须像她的影子一样。她与我形影不离，她无法忍受我离开她去做任何其他事情，甚至连洗澡也不行。目前，我都不敢生二胎；我非常害怕她会产生激烈的反应，这会扰乱她周围的一切。"

当然，需要仪式感的小孩会被这些早期的依赖情形所吸引。但这样的父母难道不是在利用孩子让自己感到有用和重要吗？难道这些母亲，甚至父亲，不是在弥补自身的不安全感吗？难道他们不是在修复自己的创伤性分离吗？或许是以自我为中心，让他们觉得自己是好父母，而且他们有一个令人羡慕的家庭？

父母订立的契约可以概括为：

"你照顾我，所以我不会留你一个人。"

如果父母的行为阻碍孩子学习分离，那么孩子可能会长期依赖父母，无法真正独立自主地生活。此外，当父亲/母亲对融合的需求过于强烈时，那么对方可能很快就会被排除在外。

这位从事教育工作者的父亲追求完美，把妻子贬低得一无是处，并引导两个女儿去批评母亲。他提出离婚并要求获得唯一的监护权。但法官认为他不够成熟。他只能每隔一个周末才能见到女儿。

渐渐地，孩子认为要对失望的、疲惫的父母负责。成年后，他可能仍然感到内疚或惭愧，这将致使他们不知疲倦地去弥补所谓的"错误"：不再以独特的方式来表达自我，不再与父母分开以完成自己的"使命"。

那么，为了摆脱这种困境，是否应敢于让对方失望或让自己失望，离开父母或放弃所谓的使命呢？例如，有些孩子把自己看成丑小鸭，不断表现出负面行为，以坐实他坏孩子的身份。他没有足够的安全感。冲突、躁动的情绪、暴力等可能是成长之旅的一个站点，给他们贴上了与真实身份不符的标签。这些消极态度也是为了证明自己是一个完整的个体。无论如何，攻击和眼泪都不是真正具有建设性的分离方式。

孩子和青少年可能因父母过度的陪伴而有被监禁、被压制的感觉。在慈爱的外表下，隐藏着父母的虐待性、迫害性、摧毁性的态度。很多时候，孩子很早就能意识到父母的脆弱，并会顺应他们的期望，但这也使自己无法表达自我，甚至可能受到父母（他们似乎给了孩子"太多诱惑"）精神上的虐待。随后，我们会看到，孩子成年后的世界和人际关系都可能受到这些混乱的影响。

未完全与孩子分离的父母本身也存在依赖问题。在自己没有想法的情况下，他们往往会听从周围人的不当建议。

一位祖母告诉她的女儿："婴儿不应该哭泣。"因此，年轻的母亲听从自己母亲的建议，未进行任何实质意义上的其他尝试，就一直将孩子抱在怀里……矛盾的是，这位祖母随后轻蔑地说："你让他养成了依赖手臂的坏习惯，他好不了了。"这位年轻的母亲因此感到十分失落和沮丧。

家庭缺陷的不利影响

此外，还存在另一个极端，孩子可能被安置在一个很远的地方或无法给予孩子足够的关爱。这种"放养态度"与"溺爱型家庭"一样具有灾难性（达尔希，2003年）。

在一个缺乏包容的家庭中，如果父母长期缺席或因病得太重而无法倾听孩子的请求，孩子就会感到自己被"放弃"了。他会有种被抛弃的感觉，进而产生情感缺陷，因为父母的"漠不关心"无法满足他不同的情感需求，甚至是生理需求。

但是，这种"放弃"也会被看作一种教育行为，给予孩子一种所谓的"坚强"。父母让孩子产生错觉，让他相信如果为了自己好，就必须得自谋生路。

"要给孩子足够的自由，如此一来，他就可以学会自己生活。""不要让他习惯于拥有一切；娇生惯养的孩子容易动怒，受到打击便会一蹶不振。要想独立生活，就必须知道应当如何保护自己。"

这些父母未意识到孩子试图建构自我时有多么疲惫。父母订立的契约在这里可以概括为：

"我害怕你对我会有所需要；我不会打扰你，因为你可以独自应对。"

不受欢迎的孩子会逐渐意识到父母的缺席，体会到亲子关系中的难以割舍的依恋。如果任由孩子"自生自灭"，他将不再与父母分享他的痛苦经历。他会明白父母是脆弱的，无法成为他的倾听者；他会很快不再恐惧或感到不适。同时，如果不被倾听，孩子就会开始绝望地哭泣，或者将自己当作一个被误解的人（有可能被贬斥或虐待），感到被孤立。之后，如果他遭受创伤、骚扰、虐待，他就会闭口不谈，因为他坚信没有人能够理解和保护他。

"我让大女儿哭了很久，好让她明白我的良苦用心。她很快就变得独立起来，从小就知道如何照顾自己。现在，她只想一个人生活，性格也变得独断专横。我们无法再反驳她。她知道自己想要什么，而且她不再是那个期望得到父母疼爱抚慰的孩子。我害怕她在学校交不到女性朋友。"

这些在一开始就没有被包容的孩子以后可能会缺乏安全感。孩子的自我认同感可能在很长一段时间内都很低。孩子从未同意被这样对待，但他别无选择。有些父母自己也过得很糟糕，无法妥善地照顾孩子。由此灌输给孩子的家庭忠诚感被证明是具有破坏性的。大多数时候，被"利用"的孩子察觉不到成年人的欺骗和权力滥用。这种盲目性解释了为什么孩子以及成年后的他会继续愚忠。

能否在未崩溃的情况下表达自我？

如果环境不允许，那么应当如何构建自己的思想？如果总是要照顾并抚慰脆弱的父母，那么应当如何开辟自己的道路？如何意识到在知识、权力或爱的"幌子"下，每位家庭成员都需要一种必要的心理关怀？

有的家庭氛围不利于孩子灵活且平和地成长。在某些氛围下，孩子感到被爱，而实际上他也在不知不觉中被操纵。孩子会表现得听话乖巧，试图留住父母的爱。这条成长路似乎飘忽不定、模糊不清、艰难无比，但孩子内心最深的恐惧仍然是不再被爱或被排除在外。

不正当的教育方式甚或操纵可能隐藏着父母的脆弱（无意识地需要他人），父母必须通过教导孩子来展示自己的存在感。如果父母对孩子的看法与孩子对自己的看法相矛盾，那么孩子就会被认为是令人失望的，从而受到"攻击"，如被贬低、被羞辱、被惩罚或被放弃。当教育僵化和暴力成为阻碍时，自我表达就会变得极其困难。

"你让我们失望极了，我们不想再见到你……"

一般来说，孩子会选择依赖父母。我们将看到（详见第五章和第六章），一个因愧疚感而被疏远的孩子将如何寻求无限期地"弥补"父母，以至于最终无法顺利成长。

马林感受到家人的嘲弄、否认和贬低，这渐渐将他压垮……他想通过与父亲交谈来克服曾经困扰他的恐惧。

"我独自受苦,你甚至都不在乎有没有我的消息。"马林控诉道。

"但爱是要给所有孩子的,不应独宠你一个。"这位父亲如是说,这让儿子心生内疚。

在上述情况下,父母会"诱惑"孩子继续满足他们的需求。孩子没有安全感,渴望依赖于父母,但他不想打扰父母,内心一直处于不安中。孩子会压抑自己的想法和欲望,他会因为发现自己的父母"了不起"而感到十分内疚。

三十岁的莱娅觉得母亲非常令人钦佩:"我们的关系很融洽,她总是在我身边。当我想买一件衣服时,她会建议我挑选什么颜色,因为我不知道什么才是适合我的。姐姐批评母亲而且疏远她(真是愚蠢),而我和母亲就像朋友一样。有她当我的母亲,我觉得自己十分幸运,因为我还不够成熟,所以她每天都在帮助我。"

被贬低或内疚可能是限制个人表达的原因。害怕

"毁掉"父母的孩子需要得到支持才能坚持自我，一个过分为孩子而活的父母则会破坏自己的生活。

让父母失望可能会使孩子产生焦虑，甚至是恐慌，因为孩子能想象到父母的崩溃。这种对父母崩溃的恐惧通常来自他们发出的抱怨甚至死亡威胁。

"如果我直截了当、不留情面地指责父亲，他可能会自杀；或者更糟糕的是，他会反过来攻击我并杀死我——我长久以来都是这么想的。事实上，经过我们的沟通，他只是试图再次获取我的信任，但这再也行不通了……"

有些孩子会通过反抗、挑衅或其他出格行为来表达自己，力求获得存在感。利用这种表达方式的青少年是在寻求独立自主的道路，他不再希望以幼稚的方式来模仿父母，而是试图了解自己想要什么。因此，他试着坚持自己，但有时方式过于暴力。他能走多远，也许直到他被真正倾听为止？与其指责，不如至少倾听他对自己的身份有何追求，也许沟通会变得比较容易。

有些时候，父母会指责孩子患有某种精神功能障碍。他"病"了，有相应的症状，他不能成长，不能独立，他必须得到治疗。

"不是我们，是你生病了。"

即使成年后，孩子也可能认为如果他没有茁壮成长，那就是他自己的错。他会贬低自己，认为自己幼稚、脆弱无比、一无是处或具有暴力倾向；或者他会以不成熟的方式进行自我辩护，以避免自我否认。

他试图以牺牲自己的需要和欲望为代价，来进一步突显他的慷慨和善良：不令人失望，不引起轩然大波。他不愿颐指气使，激怒别人以至于引发冲突；他重视亲人，却往往忽略了自己。他甚至认为自己才是应该照顾他人的人，这样他的家人才能变得更好，好像家庭或群体与他在自己的道路上难以坚持自己的立场这一后果无关。

隐藏的仇恨会阻碍孩子独立生活吗？

亲子关系并非总应是风平浪静的，有时需要一些

"暴风雨"来激发孩子的独特性。通过坚持自己,孩子会构建更稳定的身份,并在未来能够更轻松地与他人建立"联系"。

在孩子身上,这种自然能量是一种本能的生命冲动,其甚至会以仇恨的形式表现出来,这是出于孩子自我保护的需要。父母必须要足够强大,以便接纳他、倾听他并允许他发生转变。这种原始暴力通常被称为"基本暴力",这就是弗洛伊德所说的"力比多"[1],他将其描述为"熔岩的喷发"。

在孩子与其所处环境的关系中,仇恨可能会蔓延开来。父母和孩子之间的仇恨通常是无意识间萌生的。父母可能会在不自知的情况下从一开始就仇恨孩子(达尔希,2013年)。仇恨孩子但又不摧毁孩子是一种正常且非凡的育儿能力。正如温尼科特所指出的,父母能够接受孩子带来的折磨,不必让孩子付出代价,他们也不期望得到回报。

---

[1] 力比多(libido),心理学术语,出自弗洛伊德的《性学三论》,表示一种性力、性欲,即性本能的一种内在的、原发的动能、力量。——译者注

在为人父母的过程中觉醒的仇恨也是必要的。这是一种能量,作用于与孩子的分离和内在冲突中。

法国精神分析学家让·贝热雷(Jean Bergeret)认为,这种原始暴力在父母和孩子身上同样存在。在《客体生于仇恨吗?》(*L'objet naît-il dans la haine?*)一文中,他对暴力和仇恨进行了非常有趣的分析:最初,攻击性的意义上的仇恨本身并不存在……这种原始的情感旨在支持爱与攻击。必要的仇恨也可能促进孩子的成长,他需要通过对父母"产生"仇恨来将自己构建为主体。因此,孩子可以说:"有时我恨你,但我觉得我就是这样存在的。正是由于这一事实,我觉得你抵抗了我的攻击,因此你也得以存在。"

法国精神分析学家尼科尔·雅美(Nicole Jeammet)提到"原始仇恨"是构建客体(即他人的存在)的"必要条件"。那么我们是否可以说,正是充满爱且有能力控制自己仇恨的父母能够战胜孩子的仇恨,并帮助其成为一个独立的个体?

当父母重新审视、感受、意识、处理仇恨,能够更好地应对仇恨。这也有助于父母提高对孩子的关注度，从而理解和处理孩子这种基本而强大的情感。

应该注意的是，这种仇恨通常是无意识的，也存在于其他家庭成员、祖父母之间或更大的家庭中。在兄弟姐妹中，兄弟和姐妹之间的仇恨更容易被表达，而且更有可能爆发。对父母而言，他们拥有孩子的爱，就应该尽己所能。他们不必事事都亲力亲为，但要起到一定的教导作用，以便设定界线，以阻止孩子的某些破坏性行为。在这样的陪伴下，兄弟姐妹们学会了控制他们的仇恨并将其社会化，在幻想与现实之间做出区分。以下是达尔希在2013年就已提及的一个示例。

"我要打掉你肚子里的婴儿，"一个三岁的孩子对母亲说，他表达了一种原始的、仇恨的暴力，"之后，我会将他撕碎，再将这些碎块放入阴森的房间里。"

"哦，是吗？你接下来要做什么？"母亲说。

"好吧，你也一样，我会把你也撕成碎片。"

"但我的小家伙，那你将孤身一人！"母亲补充说。尽管如此，她仍然能接受孩子的这种杀婴和弑母的幻想。

孩子犹豫了一下，继续说道："可是，妈妈，我们是说着玩的，对吧？"

"当然，我的小家伙，我知道你是开玩笑的。"她回答道。然后，孩子吮吸着妈妈的拇指，温柔地靠在她圆圆的肚子上。

孩子可以借仇恨表达他所担心的事情，他会学习如何区分幻想和现实，控制他的仇恨。父母可以对其进行正确引导。

我们知道，孩子的这些仇恨幻想（能够被父母接受并适当对待）是他组织和构建自己身份的时刻。

如果孩子成长受阻，会发生什么？

试图通过反抗和自我管理来对抗崩溃和内心失序威胁的人会发现自己很难实现自我成长。

遭受父母的暴力的孩子，很容易与他人建立起融合的、无差别的联系。此后，他只存在于与他人的联系中，而不为自己而活。未被表达、未被倾听、未被转化的内在暴力存在于主体内部，始终是一种内心失序的威胁。成年后，孩子将通过压制自己的需求来满足他人的需求，从而对抗这种威胁：通过呈现一个被动而睿智、谨慎而大方、善解人意或始终冷静的形象来调整自己的行为和心理；通过中和自己的情感表达来保持一种与父母亲近的错觉。孩子在脆弱的自我中生存（他被贬低、怀疑、困惑，他过分敏感、缺乏方向和安全感……），尽管他可以通过坚强的内心来摆脱这种脆弱。

但在危急之际或为人父母时，他可能会将自己从未考虑过的需求与孩子的需求混为一谈。

在接受家庭治疗后，父母会重新发现源自童年的心理冲突，并与孩子建立起新的关系。在经历了创伤性的早期分离之后，原生家庭中的每个人几乎都无法应对他们的痛苦和焦虑。年轻的父亲在童年时期不得不自谋生路。而年轻的母亲向我们证实，她必须乖巧听话并微笑着向父母保证："我不应该给父母造成更多的痛苦。"

面对孩子，这些成为父母的年轻人反过来又面临着强烈的焦虑，他们提到的几个噩梦说明了一种心理冲突机制：

"在梦里，"母亲说，"我们作为父亲和母亲被法官处死。我和其他父母被锁在一个大且透明的圆形房间里。这是一个人人都可以看见的气泡，透过薄薄的透明墙壁可以看到里面。我们被告知不要害怕，因为处决是立即执行的。我们将因从内部爆破的化学仪器而立即化为灰烬。"在这个梦中，我们清楚地看到了被威胁的主体的内心世界（达尔希，2016年）。

上述案例中的父母在童年时期经历了内部和外部的暴力。他们采取一种顺从的生活态度，从而使自己的需求被压制。只有当他们的"自我"更加稳定时，才能获得一种新的自主，这将使他们与其所依赖的人更加疏远。

孩子能够通过暴力、对抗、破坏或抛弃等方式来拒绝父母的侵害和攻击。这是面对被毁灭的恐惧的另一种生存方式。这些方式甚至在成年后依然存在：

● 否认自己的需要（神经性厌食症源自对进食需求的否认）或否认人际关系和快乐的重要性（性别厌恶）。

● 防止他人入侵自我（孤立、攻击他人）或通过满足自我而避免依赖任何人：贪食症、毒物癖、嗜酒癖、划痕症……伤害他人或破坏象征他人的物体（达尔希，2003年）。

在遭受严重暴力或重大创伤的情况下，"自我"的各个部分往往会分离，从而难以构建一个坚实的自我（边缘型人格障碍等）。

这种使孩子或顺从或反抗的环境十分可怕，他会暴露自我缺陷，自我仇恨，变得极度脆弱，缺乏存在感，产生偏执倾向，自杀或自我摧毁，产生断绝代际关系（不想要孩子）的想法。由于过多的能量被用于自我保护，因此他在发挥创造力方面也存在重大困难（达尔希，2006年）。

他无法找到一种成为自己的主人并应对焦虑情绪的成长方式。他无法改变所经历的一切，也无法获得安全感。因此，他有时很难面对现实。

前几代人，他们通常无法理解婴儿对于融合、必要的分离以及分化和个性化的需求。他们阻止孩子将自己的身体和精神视为己有,让孩子无法独立思考。"如果只允许父母表达想法,孩子就会'发明'自己的世界观以消除被母亲左右思想的恐惧。"(威廉·麦克杜格尔,1989年)。

同样,某些身体或心理功能,例如吃饭、说话、取悦自己或取悦他人的快乐等均无法表现出来。为了满足父母,孩子不能获得自己的幸福。孩子会幻想,如果不遵守契约,每个人都将不复存在。为了阻止与家庭不可分割的联系发生破裂,在反抗之前,孩子也许会先接受他人强加给他的行为。

如果父母不能容忍孩子的消极情绪,那么他们就无法帮助他冷静下来。在这种家庭氛围中,孩子会表现得孤僻,或者会不断地对自己撒谎,试图虚构一个故事。他甚至可能与他人保持较远距离,生活在过度的孤独之中。他很难倾听自己的痛苦,就像无法照顾自己一样。这甚至可能对他的成年生活造成影响。

我们将踏上一条新的转变之路,在真实和善意的帮助下找到自己,从而规划好自己的人生。

第四章

敢于坚持自我，敢于与众不同

如何摆脱羁绊，学会去爱

能给予的时候就给予,能不怨恨的时候就不怨恨。

——阿尔贝·加缪(Albert Camus)

如果在一个家庭中，内心—表面、内部—外部、过去—未来等难以被界定，那么孩子仍可能沦为家庭群体的囚徒。这类家庭的主要表现为：存在操纵、诱惑、支配、抛弃、危机、身份问题或抑郁等。

在这种环境中，父母很难进入孩子的私人空间、"秘密花园"或内心深处。父母以他们的禁令、防备心理、僵化和专横的意识支配着孩子的思想和行为。他们束缚和禁锢着孩子的思维和行动。孩子的欲望和需求无法得到满足，因此其个体化[1]和心理自主的实现举步维艰。

那么，我们应该如何做才能摆脱羁绊呢？面对个人痛苦和家庭带来的痛苦，我们该怎么办？是否必须敢于辜负他人并保护自己，才能过上独立的生活？或者可以说，在自己前进的道路上敢于说"不"？又或是，强烈反抗并避免陷入可怕的危机当中，以试图寻找自我？

1　个人在成长中自我改变的过程。——编者注

让父母失望的孩子并不一定意味着就是令所有人失望的孩子。父母的失望来自他想要的东西与孩子(即使他已成年)的回应之间的差距。

难道那些失职的父母就不令人失望吗？为了保护自己，父母们往往不愿意承认这一事实，有时即使是成年人，也需要时间才能意识到这一点。

如此一来，孩子必须学会自娱自乐，与同伴一起玩耍或树立共同的梦想，以此来找到自我。

通常情况下，重新找回的安全感，往往能够帮助孩子开辟出一条与众不同的道路，并实现自主。

敢于成为自我

对他人产生相对忠诚的心理，促使人们建立交流、联系，从而保障自己的生存权，促进自我独立。

但有时个体会因为忠于他人而伤害到自己。被封闭在这个世界中，他觉得自己无法摆脱聪明、认真、乐于助人的形象。他仍然害怕冲突，害怕差异，所以努力维持着他人眼中自己的完美形象，并且过于依赖他人，无法真正独立生活。

从小，奥德就不得不在离异的父亲和母亲之间做出选择，父母为争夺监护权各执一词。作为一个孩子，她无法自行做出选择，她的需求和愿望都得不到满足。她试图同时忠于父亲和母亲，以表现出对他们的体谅和珍视。但她这样做的结果却是痛苦万分，忽略了自己。长期以来，她都是一个优秀的小女孩，她强迫自己不要伤害父亲或母亲。她听从母亲的嘱咐："不要吃得太多，才能保持身材……"她确实在青春期之初试图反抗过，但她被父亲的反应"吓破了胆"，父亲告诉她："你走吧，我不想再见到你。"两年来，她再也没有见过他，也觉得自己永远都不会再见到他了。她为此感到内疚和自责，从那时起，她便变得非常消极：偷窃、旷课、逃学、结交"狐朋狗友"。

对奥德而言，"自我的缺席"导致她处于精神空虚的状态。在这种状态下，她尤其依赖母亲，她觉得母亲慷慨大方，于是便与她推心置腹，无话不谈。但当她独自一人时，就会陷入暴食的深渊，她用食物来填饱自己。在青春期结束时,她的饮食失调非但没有痊愈,反而愈发严重。成年后,她仍在继续伤害着自己的身体。她觉得暴食可以填补精神的空虚,但事实上,她还是被空虚感深深侵扰。然而,她也承认,她拥有很多能够让自己幸福的东西:一份好工作、一个好丈夫、一套刚买的房子、一个组建家庭的计划……但未来让她害怕:她感觉自己受到了欺骗,她担心最糟糕的情况会发生。长期以来,奥德都将母亲理想化了,她也意识到:"我是镜子里的她。我找不到自由。我厌倦为了父母而强迫自己变得完美。"奥德再也无法忍受这种几乎让她窒息的生活。矛盾的是,这却有助于开启她的分析治疗进程。母亲却在心里隐隐害怕女儿长大。"你是我的延续,如果你去看心理医生,那就说明你身体欠佳,而且我作为一个母亲,是十分失职的……我感觉你脱离我了,这感觉太糟了。"母亲沮丧地说。母亲完全没有意识到她对孩子的那种令人窒息的控制欲。

随着时间流逝,奥德逐渐长大成人,学会了用情绪或哭泣的方式来表达自我。她会表达自己的感受:

"很长时间以来,我都在努力取悦所有人;现在的我更加真实,更关注自己。而且我敢表达自己的真实想法。"她对此感到轻松自在,如释重负。她的饮食失调症状在几周内消失了,她不再封闭自己。当母亲发出命令时,奥德回答道:"妈妈,别说了!"于是母亲沉默了下来,但她用特别失望的眼神看着奥德。"她好像要重新掌控我,但我毫不妥协,我现在可以自由地过自己想要的生活。""你看起来很失望。"她有时会对母亲这样说,母亲或是轻描淡写,或是不置可否。

有时奥德仍然处于"患得患失"的状态。因为如果她坚持自我,就会变得过于苛刻。但久而久之,她觉得父母还是爱她的,即使她已经开始爱自己、照顾自己,以正常的成长方式来过自己的生活。

"我现在凡事都喜欢顺其自然,这种状态让我吃惊不已,但我终于可以自由呼吸了。"

有时,寻找自我、获得自由、追求真实的道路十分漫长。例如,必须要克服内疚或痛苦:

"当我坚持自己的观点并与父亲保持一定距离时,我为他感到难过,但我明白解决他的依赖问题不是我的责任;我并非为了满足他的期望而活,我没有义务,况且我也要为自己考虑。我有权与他分开。我明白,对父亲来说,与众不同就意味着害怕失去爱。"

如果一个人不敢让父母失望,那是因为在他们眼中,父母是脆弱和痛苦的(也许这是父母为了不被嫌弃而保持的形象)。久而久之,为了不让亲近的人难过他表现得慷慨大方,试图避免冲突或过于强烈的情绪。然而,当他看到这样做的结果时就会明白,不让对方失望,其实就是不让自己失望,不破坏他人给自己塑造的完美形象。

"其实,我曾有过一个理想,就是取悦所有人……我害怕自己无法完成这个使命。这个理想如果破灭了,我会失望。事实上,我害怕的不是他人的崩溃,而是自己的崩溃……阻碍我开始独自生活的人,其实是我自己。"

治愈的话语：超越痛苦

父母在提要求时往往会传达出一种不可抗拒的压迫感，孩子即使在成年后，仍可能在很长一段时间内感到有义务完成他所认为必须完成的任务。他忠诚地回应他人提出的请求，并且觉得自己必须投入到要完成的"使命"中。他总是希望自己能被他人所爱。成年后，他往往难辨是非，无法独立思考。他沉默不语，要么对他人予取予求，要么变得毫不妥协并试图去支配他人。

很久之后，卡丽娜才想起童年经历的苦难。她出生在一个"理想家庭"中，她明白父母实际上没有尽职尽责，她对他们而言只是一件物品、一个玩具、一个他们需要的模范形象。

"我是母亲的延续，如果我摆脱这种束缚，我就不复存在了。"卡丽娜害怕让母亲失望，她受到了母爱的禁锢。"我以为她是受害者。"母亲试图割断手腕血管，威胁要自杀的痛苦场景强化了这种感觉。卡丽娜明白她被母亲操纵着。

当她还是个孩子的时候,她觉得自己清醒、成熟并且要对母亲的心理健康负责。她觉得,如果不满足他人的需要,她就得对他人的死亡负责。但现在,她明白了,自己其实一直以来都在遭受精神虐待,而无人予以保护。她给自己讲故事,试图了解母亲,但母亲并未试着去了解自己。即使在今天,当她想象到自己会让母亲失望时(即使母亲已经过世),她仍觉得自己再次被"精神杀害"了,她被焦虑和泪水淹没。

难以承受的恐惧仍在她的内心深处挥之不去,并且这种恐惧因为母亲的离去而变得更加强烈。她多次在噩梦中惊醒,梦中母亲拼命地乞求她,迫切地想要她回到家中。如今,她感受到了自己受到的所有伤害,她觉得母亲可怕至极,她觉得自己就像孤儿一样:"事实上,我从小就知道,我只能依靠自己,但我永远无法将其表达出来。自从生下小女儿后,我看到了孩子可能会遭受的痛苦,并且,正是基于这个事实,我终于感受到自己曾经作为孩童时的痛苦。但我必须自我疏导,才能不对丈夫和孩子大喊大叫。事实上,我极力避免步母亲的后尘……"

正是对这些困惑进行分析后,父母才意识到他们在很大程度上与自己的父母相似,而他们需要将自己与父母区分开来。

"复原力"是一种解决办法吗?在何种条件下,"复原力"会开辟出新的道路?经历过痛苦童年、灾难或创伤的主体如何能够在这些情况下重建他们的生活,并过上令人满意的生活?

"我的家庭不太正常,父母做的任何事情似乎都不合常规。他们不想传递给我任何东西,他们更愿像初生婴儿一样;而作为孩子的我们,却未曾要求过任何东西。父母过着他们的生活,对我们并没有太多的关心,他们非常严格,家庭气氛十分压抑,使我没有丝毫自信可言。我变得内敛,不喜欢谈论自己,这几乎让我感到恶心。但是,童年可以使人变得软弱,也可以使人更加强大。那么又该如何做到这一点呢?我很幸运地成为一名作家,写作就是我对幸福的追求。"

"复原力"是一种在精神上能够应对生活考验的能力，它可以让人重新开始、重新振作、重新适应，并在逆境下以积极的心态面对生活。拥有"复原力"的人可以成功地管理压力，降低其危害性或风险性。

当我们通过思考、言语、爱、创造力以及治疗重新获得自尊时，复原力就会发挥它的作用。走出创伤事件的"阴影"，意味着主体终于懂得关注自我了。值得注意的是，精神分析学家们，如鲍里斯·西瑞尼克（Boris Cyrulnik）和塞尔日·蒂斯龙，已经对"复原力"这一概念进行过广泛的研究。

在治疗过程中，穆里尔发生了彻底改变并找到了照顾自己的能力。他的诗歌描述了这条道路：

"哦，你，我的身体，我的生命之舟，我不知如何保护你。原谅我的笨拙和矛盾，原谅我所有的痛苦和彷徨。

哦，你，我的身体，我的痛苦之帆，是时候向你做出承诺了，因为你值得更多的爱与温柔，我明白，我也懂得。

现在，屏息凝神，放下双臂，让我守护你，我承诺，会带给你所有善意，让你远离泪水……"

传承与允许独自生活

传承意味着为后代提供机会，让父母的"遗产"变成孩子的"遗产"。但是父母也必须放弃他们所传承的东西，甚至是曾经获得的或以特有方式创造出来的一部分东西。他们应逐渐接受一个事实——孩子会改变这种传承下来的遗产。每一代人都应该重新利用这份精神遗产。但是，如果父母要求孩子背负上传承的包袱，那么孩子的独特性将会受到压制。

然而，父母也可能无意识地传递出一种对于被焦虑所折磨的恐惧，这种焦虑使他们回想起自己的童年。反过来，孩子会被一种并不真正属于他的感觉所困扰。

"我八岁的女儿还无法在远离我们的地方入睡，因为她夜里会惊醒。我们不得不让她一直紧挨着我们,否则,她会以为我们已经死了。她睡在婴儿床上,晚上仍会尿床。"

在这个家庭中,对分离的恐惧似乎与亲人的逝世有关,尤其是当母亲的一位妹妹在童年时因意外去世,还有一位长辈自杀并留下年幼的孩子……在家庭治疗过程中,许多如"幽灵"般的东西会在代际分化过程中找到自己的位置,在不知不觉中传给不知情的后代。不可言说、无法名状、难以启齿的秘密和羞耻使孩子的成长停滞不前。当父母已经重新适应了家庭的发展现状,孩子便会开始重新成长并展望未来,以便找到自己的独特性。困于家庭幻想中的"幽灵"因此被驯服。

在这里,我们引用玛丽亚·托罗克(Maria Torok)和尼古拉斯·亚伯拉罕(Nicolas Abraham)于1978年提出的观点,他们认为"幽灵效应"[1]会使一些影响从一代人传至另

---

[1] "幽灵效应"(effets fantômes),也被称为"跨代幻影效应"。为保证上下文统一,故选用"幽灵效应"这一译法。指在几代人的传承中,某个未公开的家庭秘密会传给不知情的后代,并对其产生影响。——译者注

一代人。有时，为了不让一些过去的创伤或秘密再现，先辈们会与其做斗争。可以说，这是他们发出的一种信号，正如玛丽亚·托罗克和尼古拉斯·亚伯拉罕所言："每个人都有害怕的事情，但这些事情并不一定是他曾经害怕的。"这些事情会不会是过去的先辈们所经历的？是否关乎无所不能的、怕被遗弃的或令人感到压抑的先辈形象？他们是迫害者、无耻之徒还是施虐者？

意识不到的羞耻感、不可告人或心照不宣的家庭秘密，助长了某些荒诞不经、不可思议的行为，后辈不知不觉（正如亚伯拉罕和托罗克所描述的——通过一种无意识的"地下工作"）将其继承下来。

在这种情况下，代际混淆的严重程度达到顶峰，家庭的精神分析治疗变得极为重要。这将让每个家庭成员都能找到自己的独特之处，走上自己的人生道路，并最终过上与他人不同的生活。

把自己塑造成一个独特个体的年轻人将不再被过去的创伤所困扰。创伤平复后，他开始不再害怕分离。

当精神创伤持续存在时，主体仍会充满内疚感、隐痛、羞耻感，背负着禁忌、亏欠和愚忠。他是被童年环境及萦绕在家庭内部的"幽灵"塑造而成的，因此他觉得自己难以过上自己的生活，难以长大成人。

当第一个孩子出生时，德佩·德鲁万家正在经历一次巨大的危机。这对夫妇正考虑分居，他们之间产生了巨大的分歧，有时还会发生身体暴力事件。他们都无法构建自主独立的家庭身份。

德佩夫人是一位年轻的母亲，出身于一个关系十分亲密的家庭。与婆婆不和时，她总是得不到丈夫的支持，因此她有种被排斥和抛弃的感觉。婆婆不断在家庭中凸显自己的地位，咄咄逼人，让人唯恐避之不及。童年时期，德鲁万先生的父母经常不在他身边。他谁也不想得罪，在妻子和母亲之间左右为难：要么利用他的母亲，后者似乎始终认为养育孩子就是为自己谋福祉；要么站在母亲的对立面来支持和保护妻子。德鲁万先生的母亲在很小的时候就因一个妹妹的死而精神受创。后来，她组建自己的家庭，成了家庭主妇。但当她成为婆婆时，便扭转了家庭的局面——她总试着去插手家中的大小事务,总想表达意见和建议。例如,她对儿媳说:"别再用母乳喂养了!你的乳汁对婴儿有害!"不知不觉中,她混淆了孙女与曾经死去的妹妹,她将这个"幽灵"放在孙女的位置上。事实上,被"幽灵"附身的婆婆曾试图控制自己的创伤,但她始终摆脱不了这种困惑。

新家庭应通过与原始的大家庭保持更恰当的距离来获得自主。这对夫妇应重新梳理他们的亲密关系,以重塑他们自己的家庭。

当家庭成员的自主性发展受到阻碍时,原始亲密关系的延续会变得更加困难,我们将其称为"混乱的亲密关系"。我们在第七章还会看到,为了生存而仍然迫切需要他人的家庭成员是如何实现自我管理和自我保护以免受分离之苦的。

"追根溯源"并"转化遗产"

同神话故事一样,我们可以从一些"家庭传说"

中发现一些负面元素，如犯过的错误、被禁止的行为、可耻的秘密或未曾偿还的债务，这些往往会对后代产生难以抵挡的影响。这些负面的、破坏性的元素跨越了几代人，无法改变。未分化和代际混淆有时会导致家庭陷入混乱。

转化遗产关乎记忆，可以帮助个体找到一种自我解放的方式、一种解开病态联系的方式、一种获得安全感的方式，一种找寻心理健康的方式。这种转化为自主和自由开辟了道路，由此而获得的自信能使个体的生活方式更加灵活，从而进入一个新的成长阶段。正是由于重获安全感，个体不再执着于完美的"理想自我"，而是走向尽力而为的"理想自我"。但有时，自己也会让自己失望。

命运并非无法改变，每个人都可以积极投身于这种转化。逃离自己平庸的父母，以某些社会地位较高的人取而代之是很多人童年时期存在的幻想。弗洛伊德将其称为"家庭罗曼史"，指孩子会在脑海中重建一个理想的家庭，并渴望自己能生活在其中，他认为现在的父母不是自己的亲生父母，他想象自己来自一个血统高贵的家庭或者是伟大人物的后代。鹳如果弄错巢穴,将雏鸟放在某个屋檐下,或者雏鸟在出生时就被偷走,那么它的出身就成了未解之谜。当孩子说"他不是我的父亲"时,父母会觉得自己像个冒名顶替者。这种割裂亲子关系的幻想也会出现在父母身上:"他不是我的儿子,他长得不像我。"

许多故事和传说都采用了迷惑孩子的方式讲述:残忍的继父或恶毒的继母代替了真正的父母,孩子被女巫偷走或被无情的养父母抚养长大。故事的结尾往往是孩子与真正的家人幸福地生活在一起。

我们以《哈利·波特》(Harry Potter)中的主人公哈利为例,他的父母声名显赫,但他却成了一名孤儿,生活在一个凶残且没有文化的家庭中。但他的个人品质和潜力使他在魔法家族——他真正的家庭中找到了属于自己的位置。

我们经常会在文学作品中看到一些残忍的养父母。英国小说家查尔斯·狄更斯(Charles Dickens)在他的自传体小说《大卫·科波菲尔》(David Copperfield)中讲述了他孩童时期的苦难。他可能因童年的屈辱和父母的虐待而受到了创伤，在此基础上，他将作品的主人公塑造成一个在凶狠贪婪的继父家中遭受虐待的孩子。在儒勒·列纳尔 (Jules Renard) 的小说《胡萝卜须》(Poil de Garotte) 中，主人公希望摆脱孤独和艰苦的家庭生活。他生活在一种令人窒息的氛围下，母亲的喜怒无常让他心烦意乱，父亲的冷漠无情令他沮丧难过。但胡萝卜须说："不是每个人都是孤儿。"他试图重建自己的出身。最终，他学会了独立，不再与阻碍他成长的无情父母生活在一起。

俄狄浦斯是一个不折不扣的孤儿，但他认为自己出生在抚养他的家庭中。事实上，他是国王拉伊俄斯 (Laïos) 和王后约卡斯塔 (Jocaste) 的儿子。在神话中，同真正的父母重聚的旅程往往困难重重、充满戏剧化。正如俄狄浦斯在不知真相的情况下杀死了亲生父亲，并与亲生母亲结婚，打破了乱伦的禁忌。对他的惩罚使他家几代人将遭受痛苦，因为创伤会遗传下去。

成为父母意味着会产生对理想家庭（或者可以说是浪漫家庭）的幻想。有时无可挑剔、完美无瑕的父母维持孩子快乐的童年是在实现自己的童年梦想。一些父母会说：

"我们会给他我们曾经没有的一切。"

这种美好的渴望，为婴儿的到来提供了良好的条件。但这种渴望必须是相对而言的，因为从根本上来讲，完美且理想的家庭并不存在。但如果这种渴望一直持续存在，孩子就无法自立，因为前几代人阻碍了他走上自主的道路。正是通过将"遗产"真正转化为自己的，一个人才能开始书写自己的历史并追寻自己的道路。

当父母感到孩子不想接受"遗产"时，他们可能会大失所望。但他们必须明白，孩子必须将遗产转化，否则遗产就无法体现其真正的价值了。

敢于辜负所爱之人

通过了解自己，接触生活中形形色色的人，我们能够获得轻松谈论自己以及与他人交流的能力。表达自己的想法和意愿，是否要懂得追忆或者偶尔对亲人撒谎？是否意味着要背叛所爱之人呢？

事实上，有时有必要对所爱之人稍加反驳，但不至于涉及背叛。一些小秘密和小谎言对于找到自我亲密关系并在追寻自我的过程中巩固认知也很有必要。

一个正在接受治疗的年轻人回忆道，在童年时代，为了不辜负父母或忤逆父母，他总是表现得乖巧听话。他对自己的身份和独特性知之甚少。但是，有一天他转身时，打碎了一个东西，他迅速将东西藏起来。他当时吓坏了，为了不受惩罚，他选择撒谎，声称丢失的物品与他无关。矛盾的是，这段插曲触发了他身上的一个"开关"。他发现他有了一方自己的世界，一个他可以保护自己的内部世界。当然，下次他会更加小心，但这次初体验帮助他成长为一个独立的主体。同样，此时的他也会体验到一种强烈的孤独感，他必须克服这种孤独感。这种感受证明了他正在建立自己的身份。

细心周到、体贴入微的父母会为正在找寻自由的孩子感到自豪。例如，一些父母看穿了孩子的小谎言，却假装什么都不知道，以尊重孩子的秘密。他们需要忍受不可避免的小失望或幻想的破灭……并将其视为帮助孩子进行自我管理所做出的尝试。

但是，在对互惠关系的期望中，父母应该给予孩子多大程度的自由？父母的直觉将引导他们做出适当的调整。现如今，孩子们甚至会教父母学习克制自己、放松自己；他们还会在某些领域教导父母，比如数字化、互联网等（艾格，2019年）。

如果孩子不停撒谎或顶嘴并且对此习以为常，那么父母不得不进行一定的管教，这也是父母应该履行的教育义务。对孩子自然应该充满希望，但也必须接受他所带来的惊吓：或是忤逆，或是失望。父母对孩子的投资与其说是为了满足孩子，不如说是为了让他创造自己的生活。

从原则上来讲，孩子不会故意让人失望，他只是想表达自己的不同、个性和独特性，并试图坚持自我。但有时父母会过于强势，不给孩子留个人空间。如果父母一直处于强势地位，那么孩子将不会对从他们身上获得的遗产进行转化。如此一来，孩子（过去的囚徒）就不会成为自己生活的创造者。

如果父母让孩子产生内疚感和负罪感，那么孩子将很难实现独立自主。孩子成年后可能会表现出一系列症状：焦虑、害怕被遗弃、缺乏自信和自尊、无法独自做决定、嫉妒心过强、过度依赖他人或者被情感关系捆绑、缺乏独自生活的心理能力、长期处于不满的情绪状态、慢性抑郁（尤其是在分离时）、强迫和压制他人，等等。

一直以来，艾玛都在试图忍受经常吵架的父母，她根本就无法享受自己的生活，也难以独立自主。小时候，她沉默寡言，害怕打扰到他人。渐渐地，她发现自己在学校遇到了困难。由于父母吵架的场景萦绕在脑海中，上课时，她总是难以集中注意力。十几岁的时候，父亲自杀了，她认为自己对此负有一定责任，因为父亲希望她取得好成绩，但她却辜负了他的期望。后来，艾玛渴求自己能变得独立，以逃离令人窒息和暴怒无常的母亲。被虐待、被嘲笑的她，开始尝试"拒绝"，但母亲抱怨她："女儿不要我了；她把我关在门外，她抛弃了我。"艾玛闻言，"浑身无力、心灰意冷、万念俱灰"。"我被痛苦刺得体无完肤。"她说。她开始做很多蠢事，经常在参加乐队活动时吸毒，甚至还数次怀孕。最后一次堕胎时，她改变主意，决定留下孩子并成为一名母亲。

成为母亲后，她在专业人士的陪伴下努力重建自己：她找到了工作和公寓。她试图保护自己的孩子，也许也是在最初"混乱的父母关系"中保护自己，从而治愈自己。在很长的一段时间里，她还是会感到沮丧："表面上，我在安抚孩子，但内心却是在哭泣。"经过长期的家庭治疗后，她将组建自己的家庭并迎来第二个孩子，最终过上自己的生活。

当父母的缺陷过于严重时，孩子往往会有很大的失落感，并且难以摆脱对父母的依赖。这种失落是心理上的缺口，有时孩子会试图通过建立消极联系来弥补这一缺口。他尝试通过各种方式来填补这种空白或空虚，并不停地进行探索，试图恢复和另一个相似的人在一起的错觉。

这种探索是一种真实的需要，可能会导致孩子自欺欺人，有时甚至会坚持极端的乌托邦主义，对酒精或毒品上瘾，或者陷入死胡同（如反抗、示威、违法犯罪等）。一些孩子可能会进行暴力、冒险运动，将自己置于险境……有些孩子甚至觉得自己如同废物一般，十分厌恶自己，从而做出有辱人格或让自己堕落的事情。醉酒时，他会在群体中分享自己的经历，寻求共鸣，哪怕是恐怖经历（如暴力破坏行为或违法行为、令人作呕的气味等）。这些孩子通常认为自己背叛了父母，后来才明白是父母没有履行他们应尽的责任和义务。

另一些孩子则竭力做到比父母期待的还要更完美，或者更糟糕的是，他们想要比曾经父母失去的孩子（他的兄弟姐妹）做得更好，然而，他们无法证明自己会做得更好。在失去的兄弟或姐妹后出生的人会被视为"替代品"，他们可能难以找到自己的成长方式。很少有人能通过努力来表达自我并创造自己的生活。有些人试图通过艺术创作来摆脱自己的身份，比如居斯塔夫·库尔贝（Gustave Courbet）[1]、文森特·梵高

---

[1] 居斯塔夫·库尔贝，19世纪法国现实主义流派代表画家。代表作品有《带黑狗的自画像》《奥尔南的葬礼》《画室》。——译者注

(Vincent Willem van Gogh)或卡米尔·克劳德尔(Camille Claudel)[1]。其中,许多人因身份得不到认可而苦恼,他们不得不与之抗争。但是,他们不知道问题的根源到底是什么:是没有成为别人心目中的人,还是成了一个去世后都没有被悼念的人。

当身份的界限多变且脆弱时,一个人就很难活出自我。敢于追溯家族的历史并对其进行讨论,可以开辟出一条建立自我的道路。在讨论的过程中,每种观点都应得到倾听和尊重,每个人都必须在保持联系(即使有时这些联系未被及时响应)的同时能够进行沟通和交流。

能否独自摆脱困境?

但是该如何回忆、如何分离、如何区别于他人以实现个体的自由?家族历史中的创伤往往是真实的,每个人都试图忘记,尽管有时我们无意识地做着相反

---

[1] 卡米尔·克劳德尔,法国优秀的女雕塑家之一。——译者注

的事情。但是我们必须成为独立的主体，不是通过暴力地切断与他人的联系，而是通过与他人一起创造共同而独特的道路。

有时，我们很难为一个以暴力方式坚持自我的青少年感到骄傲。但我们要记住，对孩子来说，这也是一种追求，是为了将自己与他人区分开来，是为了形成自己的个性，是为努力忍受分离，是为了坚持自己的想法，是为了开辟自己的人生道路。如果这条成长之路仍然模糊不清、脆弱不堪、变化无常，那他就更应如此了。

然而，为了保护自我，孩子有时必须得与家庭保持一定的距离。如果家庭环境及伴随着的创伤可能会摧毁一个人，那么为自己寻找一处空间就变得至关重要了。当孩子重新获得安全感时，就可以重新建立家庭联系。

当然，每个人都想打破枷锁、忘记过去，以便建构自我。但要自我治愈，就必须重新与曾经塑造我们的东西（遗产）联系起来，将其转化并使它成为自己的根源。这种重新转化的目的是在世世代代的传承中占据属于自己真正的位置，成为真正的成年人，过上自己的生活。认识自己、了解自己的过去，是让自己在世世代代中找到独特性的方式。如果还未充分认识和了解自己，那么坚定地争取自主是十分必要的，否则终其一生都无法成长。不允许孩子走上自主之路的父母往往生活在一种痛苦的环境中，如存在创伤、亲人去世、分离或告别、争吵或眼泪、虐待或勒索……

有时父母当中只有一方希望与孩子继续共同生活，而夫妻双方分开了。这一方放弃了家庭生活，只为和孩子生活在一起。在鲍里斯·维安的电影《伤心》中，妻子通过排挤丈夫以更好地管束孩子："孩子们属于他的母亲。因为母亲承受了分娩之痛……而且母亲是爱他们的。因此，他们必须按照母亲说的去做。孩子需要什么，什么对他们有好处，什么可以让他们尽可能地停留在孩童时期，母亲要比孩子更清楚。"通过这部小说，我们可以想象这些孩子的未来有多么恐怖，因为一个温馨的牢笼正在试图束缚他们展翅飞翔。

当我们了解了这些阻碍成长的机制后，我们能否摆脱它，以建构和完善自己？我们应对自己充满好奇，关注自己，既不低估自己，也不高估自己，解答自己的疑惑，让自己独立飞翔。远离僵化的权威、父母的冷漠或周围令人窒息的人或物，就有可能发现不同的想法和生活方式。

这意味着敢于让人失望，还是敢于与众不同？重要的是发现"我"，发现"真正的我"……

"因一朵玫瑰刺伤了你而憎恨所有玫瑰，因一个梦想没有实现而放弃所有梦想，因为一次失败而放弃所有尝试，这是非常疯狂的……因一个朋友出卖了你就谴责所有的朋友，因一个爱人的不忠就不再相信爱情，同样是非常疯狂的……我们总会拥有另一个机会、另一个朋友、另一个爱人、另一种新的力量，因为每一次结束都意味着一个新的开始。"（圣-埃克苏佩里，1943年）

接受这种变化、懂得付出并获得回报的父母将能够让孩子获得成长，并敢于选择他自己的生活。

刚刚成年的爱洛伊丝心理还很脆弱，患有抑郁症。她经常诋毁自己，称自己是一个一无是处的废物。在治疗中，她开始意识到自己其实非常依赖母亲，因为母亲一直支持她、安慰她、照顾她，这使她都离不开母亲了。

然而，爱洛伊丝逐渐开始走向独立，生活也出现了积极的转变。但是，母亲不停地在她耳边说："我敢肯定，从内心深处来讲，你过得并不好。我了解你，你会再次患上抑郁症。回家吧，我会重新给予你力量。"爱洛伊丝比母亲更清楚自己想要什么，她拒绝了母亲的好意，她更倾向于过夫妻生活。她意识到，让自己变得越来越好，实际上意味着母亲开始依赖她："当我不在她身边时，她会感到自己像被抛弃了一样。因为她小时候没有得到太多的爱。"爱洛伊丝明白，自己生病可以取悦母亲，因为这样就可以凸显出母亲不可或缺的身份，她是一位"恋己者"。可以说，这种亲密的母女关系让母亲免受抑郁症的折磨。爱洛伊丝打算以不同的方式去倾听母亲的需求。为了变得更好，她敢于让母亲失望。

当一个人意识到他被压制、被虐待且无法成长时，他就会明白背叛实质上意味着能够过上自己的生活。当他稍微有所醒悟时，他就会意识到他以前在自欺欺人。事实上，他不被允许成长，成长不仅仅取决于他自己。

有些人还有很长一段路要走。尤其是当跨代的混乱亲密关系将他们捆绑住并阻止他们实现个人成长时，当同一个故事一遍又一遍地上演时，这些人就不再拥有成长的力量了。

我们将在接下来的两章中谈到这些特殊情况。

第五章

世世代代的传承

我们从哪里来,我们是谁

文化是一切事物传承的核心。

——让-雅克·卢梭（Jean-Jacques Rousseau）

每个人都有可能产生负罪感和愧疚感，却不知原因何在。我们的行为和决定可能会因此受到影响，我们可能会生病或瘫痪，我们会被怀疑，变得犹豫不决，开始日夜反省。后悔和自责让我们不知所措，奇奇怪怪的梦困扰着我们，梦中有很多不认识的人对我们穷追不舍，他们把我们"逼入绝境"，发表强硬观点，阻挠我们拯救自己……

在本章中，我们将探讨与"负债"相关的羞耻感和内疚感。通过对错误和过失的研究，更有助于我们了解这些感受产生的原因。

学会忍受失望

为什么内疚感有时会如此顽固？我们能想象到祖父母有可能对孙辈的成长有利或不利吗？如果一个孩子需要父母和祖辈的"许可"才能长大，如果他们中有人对孩子的独立成长持反对态度，那又该如何呢？

支持孩子成长的父母，可能他们的父母也曾秉持同样的态度，并表现出对孩子的善意和满意。

　　一位父亲同意他的孩子继续学习，即使他认为这种学习不如他想象得那么有趣，他仍认为最好尊重孩子的意愿并且让他感到快乐。另一位父亲建议他的儿子不要来面包店和他一起工作，因为随着时间的推移，孩子会感到厌倦。他之所以未仔细思考便选择了自己的职业，是因为他出身贫寒，不得不接受技能培训，以便更快地投入工作。看到父亲做着自己喜欢的工作，甚至对自己的工作充满热情时，孩子也想这样做。这让父亲受宠若惊，但他更愿意看到孩子有一个更光明的未来，"前提是他能主导自己的命运"。孩子接受了这个建议，条件是父亲同意教他一丁点儿做糕点的手艺。

　　然而，家人给予孩子自由往往会造成争吵、冲突和危机，我们不禁想知道，这些状况是如何发生的，为什么关系会破裂、为什么分歧会如此严重。那是因为内疚感侵入了家庭生活当中。无论是父母还是孩子，都会开始责备彼此。内疚感是一块将孩子和父母连接在一起的磁铁。

内疚感的来源

内疚感是从童年时期就逐渐累积起来的一种情绪。

乱伦和谋杀等主要禁令与次要禁令（日常生活中的小禁令，如不以某种方式说话、不触摸危险物品、不玩插座、过马路不分心等）并存，这些禁令因环境或时间而异。让·拉普郎什（Jean Laplanche）将次要禁令称为"拒绝"，因为它们的惩罚方式和严重程度与主要禁令（谋杀、盗窃、乱伦、强奸等）不同，但它们在我们的脑海中占据着重要位置并指导着我们的行为。有时次要禁令的地位甚至会超过主要禁令。一般而言，如果一个孩子完全遵守次要禁令，那么他会更遵守主要禁令。这种对禁令的理解能给予孩子安全感，从而促进他的成长。

无论如何，违抗禁令可能会让我们产生内疚感。内疚感从人类诞生之初就已经存在，并通过一种无意识的方式被铭刻在我们心中。那么内疚感到底是从何而来的？是禁令使人产生内疚感，还是内疚感会招致惩罚？通过激怒对方，孩子受到了惩罚，他是有意为之吗？

"过失—惩罚—内疚"的模式是通过父母的教育得以被继承和传递的,这种模式是如何大众化的?我们应该可以发现,父母在其中起到了至关重要的作用。在这方面,他们非常积极,当然还包括他们的父母。

孩子将继承祖辈的观念、理想和义务,祖父母和父母会向我们讲述有关祖辈的故事。为了使故事更有说服力,他们会跟我们细述祖辈的言语、行动和功绩(弗洛伊德,1938年)。我们很容易将法律和禁令同这些跨代祖辈故事联系起来。许多神话、传说都能证明这一点,例如当反派违反禁令时,一定会受到惩罚或诅咒。

人们接受了这些禁令,并理解了随之而来的惩罚:

"据说,在一个家庭中,有个年轻人偷了他祖母的珠宝,他的祖母悲痛而死。"

有时,我们会假设天意存在:

"他捡到了一个邻居遗失的护身符,如果他在考试时戴上它,那么护身符就会给他带来好运。"

禁令和恐惧从何而来？

父亲或扮演父亲角色的人在传承中起到了重要作用：他必须确保孩子遵守既定规则。承认一代人的地位高于另一代人，意味着子女必须非常认真地对待父母所说的话。这根植于家庭中传承下来的爱和尊重。对孩子来说，父母的命令就如同法律，他最终会将这些命令和规则纳入自己的道德秩序中。

爱与信任将使孩子自愿遵守父母制定的规则、禁令，听从他们的建议、警告；即使父母通过哭泣和威胁来捍卫他们的观点，他也并不害怕，因为父母的爱在他身上延续了下来。

法国儿童精神病学家丹尼尔·马塞利和弗洛朗斯·拉弗诺（Florence Raffeneau）曾强调，父母在孩童时期为其制定规则是非常重要的。指向，即指着（指向）某人或某物来传递某种规则。这种教育方式与语言学习有关，但前者要更加深入，因为其涉及道德秩序："指向是建立语言系统和进行各种象征活动的必要前提。"

指向示例：

"这是一把椅子，那是一把扶手椅。"

"奶奶来了，给她一个吻。"

"你的父亲今天很焦虑，因为他又与同事发生了争吵。"

"邻居一直在唱歌。她一定收到了女儿的来信。"

指向不仅包括对事物或人的称呼，还包括对行为的意义归属和对心理状态的解释。由于孩子最初并不知道某些任意符号（如物品或生物的名称）的含义，因此他往往会认同成年人的观点和解释。这说明家庭中世代相传的信仰和禁令的重要性。

亲属是指通过血缘或婚姻关系连结在一起的所有家庭成员。在禁止和许可方面，亲属的作用是什么？馈赠和债务如何界定？是不是只有通过威胁、约束、侵占和剥夺等方式才能让孩子服从禁令？在生命之初，父亲或母亲对孩子的慷慨馈赠是否受到了其他外在因素的影响？

温尼科特提出的"母爱关怀"为馈赠和债务的界定提供了思路和框架。通过给予孩子爱与陪伴，母亲不仅创造了让孩子适应心理生活的条件，还制造出一种负债感，使孩子更容易产生内疚感，并且这种内疚感很难被察觉。任何咄咄逼人的态度、愤怒、反抗，都会伤害到为孩子付出一切的父母。

将法律家庭化的表现形式是针对孩子制定禁令，并威胁他们（弗洛伊德，1923年）。孩子放弃做一些被禁止的事情，因为他害怕他的生殖器官甚至生命会受到威胁。弗洛伊德直言不讳地谈到，如果看到孩子手淫，父母会威胁他要阉割其生殖器官。另外他同时强调，这是父亲或母亲过度关怀的结果，是对馈赠、自我、生命和债务（由孩子承担）的过度关注。

对于教育孩子，除了禁令与威胁这一条暴力路径之外，还有一条温和的路径。这条路径主要表现在一些具体行为、教育策略和教育态度上。这条路径的"通行"时间或长或短。

为什么自我解放如此复杂？

由于父母、祖父母和祖辈先于孩子存在这一事实，"家庭关系网络"会自然而然地出现在我们的生活中。

长辈先于我们而存在，从某种角度来看，这是"暴力的"：孩子无法选择他的父母、他的血统、他必须遵守的"法律"。他都是被迫接受的。

我们永远是父母的孩子

一般而言，亲子关系决定了什么是被允许的，什么是被禁止的；意味着父母拥有制定禁令的权利。但是，如果父母的身份存在严重的真实性问题，那么孩子就不会把父母视为法律的制定者和执行者。从这个角度来看，父母并没那么值得信赖。

弗雷雅维尔曾观察过被遗弃的儿童和被边缘化的年轻人。这些研究对象不认识他们的父亲或母亲，或两者都不认识，只认识抚养他们的人。他们中有些人经常从一个家庭换到另一个家庭，无法确定父亲和/或母亲的身份，而后者也没有明确地将他们当作自己的亲生孩子。要接受有关乱伦和谋杀的主要禁令，孩子必须能够判断父亲或母亲的身份，必须能够感受到与他们之间的联系，否则光验证身份就会耗尽他的精力。

"如果父亲没有扮演引导者或阻止者的角色,孩子就会发现他可以直接接触自己所属的社会,可以在没有中间人的情况下与象征父亲权力的人进行对峙。这样的孩子倾向于或激怒或服从父亲,自愿受制于'秩序力量'或加入由国家管控的部门(如军队、国有铁路公司、邮电局等)。通过这种方式,这些'没有父亲'的孩子自行弥补了父亲的缺席,满足了其基本的归属需求。"

在涉及轻罪的案例中,孩子不仅会听到有关遵守法律的反面言论,而且会受到一系列"法律谎言"的欺骗。可耻的亲子秘密(私生子、遗腹子、父母或祖先失踪)困扰着他,使他产生暴力倾向。流传在家庭内部的解释似乎带有神话色彩:欺骗在所难免,因为这可能会挽救孩子的生命。这就是为什么一些犯了轻罪的孩子,尽管被剥夺了部分权利,却仍然忠于那些曾经剥夺了他们身份以及被爱的权利的人。

因此,在一些家庭故事中,谎言不可避免:

"你的祖先为了生存才会弄虚作假。"

"只要是为了家族的利益,就不该谈论个人的遭遇和得失。"

"将孩子遗弃在社会和健康行为指挥机构[1](DDASS),是为了让他在一个更好的家庭中长大。"

在这类家庭中,有人可能会反问"遵守法律有什么用",他们认为"违抗法律反而更有效"。实用主义为这类错误的道德规范提供了理论支撑。实用主义认为,如果一种行为的结果是有效且成功的,那么通过何种手段来实现它并不重要,即使是非法手段。

这些案例,即使只是通过其负面的惩戒性,也有助于我们认识亲子或其他代际关系在个人身份巩固中的主要作用。比如,有人认为自己的不良欲望与父母的爱恨情仇有关。

每个孩子在为自己考虑之前就有人为他考虑了。就孩子而言,他会逐渐意识到自己属于这个家庭,他

---

[1] 社会和健康行为指挥机构(direction dèpartementale de l'action sanitaire et sociale)指法国的社会福利机构。——编者注

会认识远亲、有血缘和婚姻关系的近亲等整个大家族……对于被收养的孩子，在青春期时，他会产生疑问（想见亲生父母），可能经常会问父母："我为什么会被抛弃呢？"

我们通常与长辈和祖辈紧密地捆绑在一起。对许多人来说，这种关系过于沉重，但是要想摆脱又十分艰难。如果难以实现真正的独立，那么在生活中个人就会被牢牢捆绑。教育就是唤醒，意味着帮助孩子树立基本的价值观：温柔待人、明辨是非、忠贞不渝、诚实正直、尊重自己、尊重他人、对他人负责等。

在亲属关系模式中，出现了四个角色：父亲、母亲、孩子和祖辈，祖辈的重要性不亚于其他三个角色。

他们之间的产生了四种关系：亲子关系（父母/子女）、夫妻关系（父母）、手足关系（兄弟/姐妹）以及孩子与祖辈（艾格，1997年）或其祖辈群体（达尔希，2016年）的关系。因此，祖辈（或祖辈群体）是禁令的传承者和亲属关系的保证者，他们会要求重新确定每个家族成员的地位。与父母相比，祖辈是制造辈分和身份差异的人，他们是家族的象征性人物和创始人物。

然而，当孩子捍卫自己成长的权利时，他必须面对多重挑战；家庭对他的影响让他不得不用尽全力来武装自己，从而解放自己。

接下来我们将讨论馈赠，因为它是造成内疚感的关键因素之一。

第六章

父母的礼物与孩子的债务

学会拒绝束缚我们的东西

礼物会摧毁接受礼物的人。

——马塞尔·莫斯(Marcel Mauss)引用毛利人的谚语

法国心理学家保罗·菲斯捷（Paul Fustier）认为，职业关系是社会关系的组成部分，职业领域内的交流是通过合同或礼物的形式进行的。例如，雇佣合同在其条款中规定了为了获得劳务报酬而工作的性质。同时，他也观察到，礼物在社会事务中占据着重要位置，且超出了合同所规定的范围。"无私奉献"和"救死扶伤"成为鼓励个人积极参与社会活动的"金科玉律"。如果不将其奉为准则，人们就会被认为是没有灵魂或没有仁心的。这些准则隐含着多种礼物，如时间、精力、忠心、慷慨。换句话说，我们能够提供的远比我们应当提供的要更多。

然而，礼物从来都不是免费的。

什么是债务？

为了清楚地说明什么才是所谓的"债务"，在此我们以伊戈尔为例，他是一名正在接受精神分析治疗的病人。"出于工作原因"，他缺席了几期治疗。他希望精神分析师能在规定时间之外安排其他时间用于治疗：

通常情况下，我（阿尔贝托·艾格）会告诉他这是不可能的，并让他再看看我们最初签订的合同，向他说清楚这种请求到底意味着什么。但有一次，我"让步了"，并为他另行安排了一次治疗。在我看来，他当时当刻处于正迁移[1]阶段，治疗过程正在有效推进。但在下一次会诊时，我非常惊讶，他说"在这里"实在是很无聊，而当他知道他的"问题仍未得到解决"时，他却害怕到失语。他关心我所做的工作与之前其接受的精神分析治疗的区别，他认为自己没有收获任何新东西。更重要的是，他说自己每次离开会诊室时，症状都加重了，他变得更加焦虑不安、精神不振、不知所措……

听闻他的反馈后，我有点失望，我不禁问自己："究竟是哪里出了错？"我明明为他提供了解决方案，完全可以满足他的需求！后来，我回顾了整个治疗过程，发现结果其实是相当积极的……我重新振作了起

---

[1] 迁移（transfert），心理学用语，指一种学习对另一种学习的影响。正迁移是指一种学习对另一种学习产生积极的促进作用，如阅读技能的掌握有助于写作技能的形成。负迁移是指两种学习之间相互干扰、阻碍，如地方方言对学习普通话具有消极影响。——译者注

来，决心不能被眼前的困难打倒。那么病人又为何这么说呢？

有一种解释可能讲得通：礼物（我在非规定时间为他安排的会诊）对伊戈尔来说颇为难以承受，进而引发了他的恐慌。他害怕分析师从此会完全控制他，而他害怕被操纵，害怕被干涉。要是当时直接拒绝这个提议就没有后续这么多麻烦事了，就好像是"礼物"引发了妥协，因为接受礼物者会觉得自己有义务进行回礼。

礼物的概念最初由法国人类学家马塞尔·莫斯提出，他提到大多数物品在人与人之间的传递都是以"礼物"的"身份"，人们通过礼物彼此联系。"礼物"完全可应用于心理和社会交往领域。给予礼物的行为涉及三个环节，而这三个环节又会产生相应的义务：

"给予"：给予者进行给予——向他人或自己赠送一件物品。正如我们所理解的一样，奉承他人的礼物会被高度珍视。

"接受"：接受礼物的人（即接受者）不能拒绝礼物，否则他会被视为没有教养或忘恩负义之人。礼物会让人产生感激之情，但礼物也会使接受者受制于赠礼者，甚至成为他的附庸。

在任何情况下，无论是拒绝还是接受，接受者都会感到内疚。那该怎么办？

原则上要进行：

"回礼"，即返礼。这项义务并不一定能够消除接受者的负债感。一般而言，回礼的价值必须等于或大于所收礼物的价值。在这种情况下，第一个接受者就有义务去赠送新的礼物。循环便再次开始了。因此，债务的计算对于评估回礼与第一个赠礼者的礼物是否等值具有决定性意义。

在夸富宴（potlatch）[1]中（这是莫斯研究中一个具有启发性的例子），一个美洲部落的首领候选人在一场"慷慨的决斗"中两相对峙。两位候选人都选择分发自己的一些财产以展示其相对优势。事实上，这些行为可能会导致其中一方破产。总有一天，两者中的一位会将自己的财产挥霍一空，因此被击败。

---

[1] 夸富宴（potlatch），人类学用语，指家庭或社会团体的首领举办象征自己财富的宴会，向其对手和众人赠送大量礼品与钱财，以获得尊敬。——译者注

无论如何，给予意味着去主导、掌控他人。根据莫斯的说法，"负债"意味着准备好将自己献给他人，这是在蔑视自己的身份，摧毁自我与自由。接受者的灵魂被给予者占有。尤其是当后者孑然一身、身无长物时，事情就变得更戏剧化了。

即使给予者表现得慷慨无私，也总会期望自己能得到回馈，哪怕只是象征性的回礼，或投其所好的礼物。因此，我们必须承认的是，送礼是一种"暴力行为"。可以说，大恩或小惠都会伤及他人。收礼者会产生愧疚感，并觉得自己被贬低了，即使送礼者的意图是好的。

关键在于给予者所传递的信息——给予者的自由是否会妨碍接受者的自由。但送礼实际上产生了一种义务，导致后者处于从属地位。

在实际生活中，一些父母可能凭借给予行为来强迫孩子留在他们身边。他们会说："想想我为你做的一切。"随之而来的，便是列举一些具体行动——教授语言、付费外出旅行、聘请家庭教师、赠送各种礼物等，并强调他们自己的父母"做得可没这么多"。

有时，父母会有意识或无意识呈现出的牺牲者的形象，这让孩子越发感到内疚。在孩子成长的岁月里，父母会回忆起他们的"烦恼忧愁""不眠之夜""艰难的心路历程""因为孩子而失去的时间"……

在这种情况下，孩子对父母心生依赖似乎也是"顺理成章"的。一旦感到愧疚，孩子就会屈服于父母的请求，放弃自我解放和自我成长……父母会对兄弟姐妹中年龄最小的孩子，或者是留在家中陪伴他们的未婚女儿说："你可是我的老年依靠。"在我们的社会中，很多母亲离婚后很难再嫁，往往须由成年后的孩子陪伴着。

上述例子为我们揭示了父母的牺牲之大和孩子的债务之重。在内心深处，孩子非常害怕因抛弃父母而伤害到他们。

也存在一些其他形式的"回礼"。有多少母亲表示她们不得不将年幼的孩子留给外祖母照顾？照顾几天，抑或几年。有一种解释有助于我们理解这种行为。这些母亲因为离开了自己的母亲而感到内疚，但这种行为就如同在母亲仍未愈合的伤口上撒盐。

给予行为会造成一些让人意想不到的误解。这也许可以解释以下事实：父母提前决定将他们的全部遗产或部分遗产赠送给孩子们，而后者会表达他们的感激之情。然而，兄弟姐妹之间往往会爆发冲突，有些孩子会觉得他们没有其他人那么受宠。本是为促进兄弟姐妹之间的和平相处之举，却演变成了一场相互责难的冲突，父母亦不能幸免。遗赠引发了竞争，让父母的行为变得没那么高尚……

在共生家庭[1]中，愧疚感很常见：孩子会觉得自己是家庭的一部分，如果他离开家庭，如果他的行为与家庭其他成员不同，如果他选择来自不同阶层的人作为配偶，他就会被视为叛徒。这些家庭对世界的看法是片面的，他们会诋毁其他家庭，并提出一系列理论来捍卫自己的生活方式、优越感和原则。

面对某些出格和负面行为，家庭成员必须遵守沉默法则；不能泄露秘密，否则将会受到惩罚。我们可以

---

[1] 共生家庭是指家庭成员未分化、边界感模糊的家庭。——编者注

想象这种法则所引发的恐惧。那些试图离开、寻找自我或产生不同想法的人,都将生活在这种恐惧中。

照顾自己的孩子,就能够偿还欠父母的债务吗?

在照顾和养育孩子的过程中,我们应该注意到,母亲往往扮演着给予者的角色,孩子也因此会有亏欠感。这是成长的一部分。即使母亲公开表示"不求任何回报,孩子快乐对她来说就足够了",但孩子无意识中产生的亏欠感并没有因此减弱。在这种情况下,孩子的义务意识以及被给予者支配的恐惧感就会变得非常强烈。

正如对病人伊戈尔来说,"馈赠"不是他应得的,因此他感到不堪重负,想减少治疗次数。过度的给予丝毫不会让他产生感激之情。

在家庭馈赠方面,存在一种新的回礼方式——推迟回礼时间并更换接受者。孩子（接受者）不会向其父亲或母亲回礼，而是以温柔、关怀的态度来教育自己的孩子（菲斯捷将其称之为"垂直交换"）。菲斯捷详细区分了礼物和馈赠，后者更关注的是在家族传承的背景下所给予的东西，即精神馈赠（如承诺、家训）而非具体的物品。此外，菲斯捷称，孩子将因此对自己未来的孩子更尽心尽力，因为他意识到自己对父母有所亏欠，父母对他是多么用心良苦。

传承的影响之一便是，孩子感到有义务与父母保持联系并且爱他们。为了表示感激，孩子们会遵循父母给予的建议，小心翼翼、谨言慎行。他们害怕让父母失望，即使很多时候这种害怕是无意识的，当他们无力完成父母强加给他们的使命（以及他们强加给自己的使命）时，就会心生恐惧。

"母亲因为想念我，所以让我在她家过周末，我听闻后很感动。我告诉自己，她是爱我的，她为我奉献了太多，我不能拒绝她的邀请以免让她失望。但是我已经和丈夫计划好了周末该如何度过，对此，我真不知该如何是好。我意识到,我之所以在意母亲的态度,是因为我害怕破坏母亲眼中那个理想的女儿形象。事实上,她应该明白,我也必须过好自己的生活。"

债务能激发愧疚的幻想,再加上出于对父母的感激,我们会维持这种债务关系。债务因主观心理而变得更加沉重,这使得我们将父母与其送出的礼物、我们因礼物而产生的感激与快乐,以及父母对我们的重视联系起来。

恩惠和忠诚——家庭基本的价值观

伊凡·鲍斯泽门伊-纳吉强调了家庭伦理问题,并深入研究了孩子与父母之间的血缘债务。如果孩子不能从沉重的内疚感中解脱出来,那么他可能会陷入严重的心理和情感障碍。他认为,每个家庭都会不遗余力地去保护它的血统和谱系。家庭中的每个成员都应该得到长辈的关注、关心、教育和培养……但这也意味着前者需要偿还债务。换言之，后辈需要回礼。接受者会对他人发布的命令以及对他的批评和指责十分敏感。一个过于苛刻的给予者或操纵者很容易让接受者产生愧疚感。

因为忠诚是家庭伦理的基础，它的作用十分重要。有时忠诚会引发一种截然相反的后果，即反抗。例如，家庭成员之间的分离很快就会引起孩子强烈的内疚感，甚至是悔恨，为独立所付出的努力便付诸东流。同时，需要强调的是，孩子在事业、婚姻、生育方面的任何"进步"，都会使他对家庭更加忠诚，对父母更加感激。

有时如果负债感过于强烈，孩子就会变得多疑，对每个人都十分戒备，不相信任何人。他会因不知道如何向抚养他的人表达感激之情而饱尝内心的苦涩。

在这种情况下的心理治疗案例中，当患者不能接受自己的治疗取得进展时，治疗就会起到副作用。对他而言，这些进展意味着对家人的背叛，而且他倾向于把解放自我的"责任"推到治疗师的身上。

在大多数情况下，孩子很难将"接受权"作为一种自然权利来行使。他感到"偿还父母的债务"是一种义务。如果他无法做到并且在此种过程中受到阻拦,他就会感到很痛苦。

爱的弊端或未收到回馈

这里有一个案例可以说明我们的观点:

费尔南德女士的女儿赫敏今年才十四岁,她威胁家人说她要辍学,她不想再去学校,也不想去上课,她就想随心所欲地生活。尤其是当她谈到数学老师时,她的情绪就更强烈了。据费尔南德女士所言,她告诉赫敏"这样的话本来就是错误的",如果真的这样做了更是错上加错。赫敏吃得很少,甚至想过轻生,她沉迷于幻想之中,会不断给自己讲故事,故事的灵感就源于她白天所看的电视剧。

这位母亲看起来很焦虑,因为她前不久才与女儿重逢,她担心女儿想回到意大利,也就是他们的原籍国。

赫敏在三岁时，费尔南德在巴黎定居了下来。赫敏在五至八岁和九至十二岁时，是和母亲生活在一起的。最后一次在意大利生活期间，赫敏与同住的外祖母发生了点摩擦。这一次，费尔南德感觉自己"不能再对女儿放任自流了"。对女儿来说，新的分离意味着她会陷入失调状态，而这几乎是无可逆转的。赫敏非常天真，经常主动跟陌生人说话。这样一来，她很有可能身陷吸毒和卖淫的危险之中。

如果赫敏在家中，那么费尔南德在公司的这一天就别想好好过了。她无法集中注意力，不停地想着女儿。费尔南德把孩子与外祖母之间的不睦归咎于自己，因此她认为她不能重蹈母亲的覆辙了。她的罪疚感也不由加深。

上小学时，赫敏在冥冥之中意识到了母亲的不对劲，于是就对其他人说母亲虐待她，也不关注她的身体发育。她脑海中残留着些许模糊的记忆——七岁时，她被母亲的一位伴侣虐待过。赫敏认为她的故事就像一部小说一样，充满戏剧性。据费尔南德说，女儿看了许多电视连续剧，这些电视剧给了她活下去的希望。

事实上，费尔南德当时确实和一个她认为开朗又能聊得来的男人住在一起，但她并不认为两人（男人和女儿）会"真的发生点什么"。"你懂的，她还不知道'被强奸'或'处女'是什么意思！"她毫不犹豫地说道。这种奇怪的反应让人以为她并不想知道真相。面对这种假想的性侵犯，我们本可见证一种基于女性团结与同情的母女之间的情感和解。

目前，母女俩各自生活，似乎被封闭在各自的世界中。父亲待在意大利，"他更喜欢一个人待着"。自从费尔南德来到法国后，夫妻二人就分居了。对于赫敏来说，父亲和她一样。"他不喜欢被约束"，女儿调皮地说。

渐渐地，女儿认为母亲是一个无能的人，无法理解年轻人，与会逗她笑的老师完全相反。校方抱怨赫敏总是千方百计地引起老师们的注意，母亲为此做出了百般辩解。而赫敏呢？她乐于听到这些批评，因为她很高兴能成为大家关注的焦点。她承认，既然在学业上无法与同学竞争，那么引发他们的嫉妒也是一件饶有趣味的事。面对批评女儿的言论，费尔南德就说她还只是个孩子。

后来这位母亲意识到，虽然她希望摆脱女儿带来的负担，但如果女儿离开她，她的失败感会更加强烈。赫敏曾渴望把她当作知己，而她则对女儿惊呼道："去给自己找个女性朋友吧！"角色的转换让费尔南德十分迷茫。她不想再为了女儿奔忙，即使这会导致母女离心、心生嫌隙。女儿的依赖让费尔南德有一种被同性恋"入侵"的感觉。实际上，垂直交换或延迟交换并未发生。因此，负债感只增不减。

根据我们的分析，这位母亲如此冷漠的原因在于，她总是希望做一个不用他人照顾、淡然、自由且能够专心从事研究项目的年轻女孩。而目前，她发现自己即使不养育女儿，也不一定能实现自己的目标。她需要女儿，需要她的陪伴，这让她想重新开始另一种生活。

费尔南德认为，过去她经常将教育女儿的"任务"委托给前夫、自己的母亲和女儿的老师等。费尔南德想和女儿重修旧好，并且她认为这最终能让她得到回报。

这对母女发现她们被家庭的愚忠所困，被有毒的关系纽带所困。外祖母经常让她们感到内疚，她要挟似地对自己的女儿说："你只想尽情玩乐。你永远不会考虑到你的家人。我一直处于痛苦之中，你必须得帮助我。"

费尔南德经常将自己与照顾女儿的别的女性相比，这使得她更加痛苦，因为她觉得自己不配。

第一份礼物

重要的是，要了解礼物和债务是如何扰乱家庭的发展、影响孩子的心理与健康成长的。

费尔南德母女的亲子关系是疯狂的，要想让"我们"的家庭更和谐，那就必须以她们为戒。

幻想与关怀是不可分割的。爱的馈赠与自我的牺牲往往伴随着对自己在无私奉献的幻想。

无论如何，第一份礼物都会出现：确立亲子关系。正是亲子关系的确立催生了终身债务这一问题。

当孩子的成长遇到困难时，不妨问问自己过于严苛或过于宽松的教育是否扰乱了他们的心灵。

结论

无论孩子同意与否,他都会产生一种负债感。换言之,母亲的关怀和与子女的包容是最原始和最实质的礼物形式,其催生了以负债感为核心的义务意识。

因此,亲子关系中存在两种危险,正如我们在本书中看到的:

付出太多意味着失望太多。令人窒息的爱会导致一种消极结果——父母表现出极度的权威。

给予很少意味着失望很小。缺乏关怀与缺乏限制一样有害。

一方面，过度内疚会使孩子感到无比压抑；另一方面，他会忽视禁令，错误理解何为正确成长。若在孩提时代对孩子放任自流，那么成年后，他就会认为自己可以随心所欲。当然，缺乏关怀是导致这种心理状态的主因。但要让孩子意识到这种缺乏对其的影响，他首先必须得知道什么才是满足，即拥有一对仁爱且可靠的父母。

第七章

如何建立新关系？
学会过群体生活及夫妻生活！

我们是来自外部的存在，我们将自己投射于外部世界，我们的知觉和思维方式是我们朝向别处的动力，生活就在于奔向别处……

——莫里斯·梅洛-庞蒂（Maurice Merleau-Ponty），《知觉现象学》

(*Phénoménologie de la perception*，1945年)

我们已经了解到，第一次建立的亲密关系将影响个人的发展，为个体提供安全感的基础。内化的爱、相对匮乏的人生体验、与他人分离和承受差异的能力，会促使个体进行自我肯定，发展自己的独特性，接受他人的不同……

这种相对完备的成长过程将影响孩子在家庭以外的新关系的建立。只要保持心理健康，勇于面对自己，就能促进与外界的联系。对于儿童群体，甚至是青少年群体，他们聚在一起主要是出于满足相互分享或相互对立的需要。在这些群体中，我们可以将自己构建成一个独特的个体。与形形色色的人打交道的能力，有助于我们在即将要加入或创建的群体中充分成长。

但有时，某些人很难在群体中生存，因为当面对他人时，他们会感到拘谨、压抑、害羞和恐惧；他们害怕分离，或者不愿与他人生活在一起。相反，有些人则喜欢生活在群体中。就像鱼离不开水一样，他们渴望与他人聚集在一起，以逃避孤独。而且，对于某些人来说，这种需要十分迫切，甚至独自生活变得异常困难。

依赖他人和难以独立这两种极端表现都会催生身份认知的脆弱性这一问题。那些依赖他人的人，就像那些害怕依赖他人的人一样，对与两个或更多人建立真正的联系感到不安。这些被视为"失败"的关系会导致个体感到孤独无依，难以构建亲密关系。正如我们在本书中所提到的，无法与他人一起成长可能缘于早期的某种障碍。

我们将详述群体、夫妻和家庭关系构建的困难之处，以进一步阐明与他人共同生活的艰难与不易。

我们也会看到，在与身份或地位相等的人深度接触时，既要敢于独树一帜、与众不同，同时也应对他人敞开心扉。

在群体中生活而不失去自我

如何才能同他人一起成长？作为群体中独特的个体，同时也是整体的一部分，每个人应既能坚持自我，又与他人保持联系，甚至不在群体中感到孤独。所有这些都依赖于各种复杂的能力。

儿童时期的家庭集体是我们发现自我并与他人一起成为更好的自己的"摇篮"。当这个原始的摇篮有利于孩子的成长时，随着逐渐长大成人，面对不同的际遇和不同的群体，孩子将能茁壮成长。他会应对和安排好社会事务，比如友谊、分离、职业发展、工作变动、结婚或分手、建立自己的家庭或重组一个家庭、退休、加入协会或社会团体等。例如，当《鲁滨逊漂流记》中的鲁滨逊独自一人在岛上时，他的生活并没有什么特别之处。但他的同伴"星期五"的到来，排遣了他的孤独，打破了那难熬的封闭状态。

因此，最初的我们是无差别的，但随着不断的成长，我们已经开始展现出个性。教育使我们变成一个独特的个体，让我们可以发表自己的言论、表达自己的思想，并构建心理框架。教育、社会生活为我们开辟了一条从群体到个体的道路(同时也是从个体到群体的道路)。

作为个体，我们会定期回到群体中，与其他人一起生活。群体的建立意味着我们必须共同经营这个群体，必须重视共同利益。

将群体和个体联合起来是一门生活艺术：既能够

回归到原始"部落",又能够最大限度地发展个体的差异性和丰富性;穿梭于群体之中,同时能通过丰富自我、拓展自我。共同经历喜怒哀乐能够让我们与他人的联结变得更深刻、更真实。

生活在群体中意味着我们会产生更多的"共鸣",这种共鸣通常与幼儿时期的初次亲密经历相呼应。但群体会使我们与他人一起经历个人发展的倒退,比如失去差异性、缺乏边界感。我们的个性会逐渐消失,成为一个以所有人的名义发言的群体。这构成了人与人之间的联系和社会地位。

然而,迪迪埃·安齐厄所称的"群体幻觉"[1]也是群体建立的基础,它能使人与人之间的相处更融洽、更舒服。在群体中,每个人都能通过发展自身的差异性来扩展自我,在培养结识他人的能力的同时也构建自我。

1　群体幻觉,指在没有任何刺激的情形下群体成员感觉器官产生的知觉。——译者注

群体是否会对身份认知构成威胁？

有时，群体并不具有十分明显的特征。在群体中，我们试图保持自己的个性，坚持自己的观点，但同时也可以通过屈服让步、灵活变通或树立威望等对群体特征进行调整。但群体能在多大程度上将个人吞噬？群体会凌驾于个体独特性之上吗？这个共同体会让我们的独特性消失吗？

如果对此过于恐惧，我们就会与群体保持距离，更喜欢独处。我们经常独身一人，不愿与朋友结伴同行，不愿建立持久的关系，也不愿意组建家庭。

面对群体时，如果个体的独立性过于脆弱，就会再次遇到依赖或难以分离的问题。因此，群体就显得极度可怕且充满威胁，个体更倾向于通过退出群体和不介入群体来与他人保持距离。在独立幻觉（即我不需要他人）的影响下，个体经常与依赖和入侵做斗争。例如，他害怕被评判、被暴露、被排斥、被过多关注、被迫当替罪羊、被迫泄露秘密，甚至被攻击或被摧毁。此时，他会认为这个有着"血盆大口"的群体会将自己吞噬，或这个像"无底洞"一样的群体会让自己消失。一想到这，个体便会心生恐惧（安齐厄，1975年）。这些恐惧往往证明了个体对自我身份的质疑，也反映了自我与他人共存、与他人共同成长的困难所在。

群体汇聚了相同与差异、融合与冲突。它证明了在我们的无意识中，他人能够调动我们的思想，动摇那些我们曾深信不疑的观念，并促使我们去发现新的群体。倘若没有这些变化，即使置身于人间天堂，我们也有可能感到无趣；只会原地踏步、停滞不前。为了将自己与他人区分开来或是释放内心的担忧，我们会逐渐从幻想与群体融洽相处变为想要背离群体。

逃离群体的行为是无意识的，是心理焦虑的表现，往往缘于个体曾经在家庭中的痛苦经历。

"我在群体中感到窒息。这让我想起了小时候被'关'在寄宿学校里的经历。此外，严厉的父母也会将我锁在家里，剥夺我的自由。"

简而言之，这些主体会与群体进行对抗以试图坚持自我。他们更喜欢独处，或只与一个人而非很多人保持联系。他们喜欢结识形形色色的人，倾听他们的心声和观点，但不会与他们组成一个群体。他们会拒绝，甚至抗拒多人一起见面。但在内心深处，他们需要与他人建立联结。即使他们抗拒参与群体活动，但也会无意识地被依赖关系所吸引。这是一种防御机制，是个体在缓解对被卷入群体和缺乏差异化的恐惧，以及对消失、不存在、不安全或窒息、死亡、被遗弃的焦虑……

这些人经常试图"保持理智"以避免与他人接触，他们无法享受或建立关系。但是，他们忘记了一点：在群体中，他们也可以在不被完全束缚或不被高度关注的情况下做自己想做的事。

对群体同样可以表现出依赖性

对于有些人来说，群体是很有吸引力的，因为他们想通过群体的保护来找到原始群体（即家庭）的温暖。有时，他们离不开群体，无论是原生家庭群体，还是替代群体。他们享受长时间的群体生活，无法从中抽离。

但他们也会感到恐惧，例如对被排除在群体之外的恐惧。他们还会担心冲突和伤害造成群体分崩离析。

为了所谓的群体和谐，他们可能会变成傀儡、领导者、活动家，甚至是邪恶的精神领袖。简而言之，他们可能会错失成长的机会。反过来讲，群体会为他们提供一个机会，以便了解到自己为何会如此具有依赖性。

融入群体能让我们获得成长

生活中的际遇或特殊经历，无论是友情的、爱情的、亲情的，还是职业的等，皆可以改变我们，有时还会为我们提供机会去改变那些阻碍我们的、根植于内心深处的观念。无论是我们获得的经验还是发现，都要归功于由健康的关系构成的"容器"，它能容纳过去混乱的或未曾言明的信息、自我的脆弱性、暴力，以便让我们判断出什么是可以（或者应该）去思考的。

换句话说，正是因为相遇，改变和成长才成为可能。暴力行为、秘密、分离、暧昧、难言之隐等，在夫妻或家庭内部的交流中表现得悄无声息，并且常常造成关系的破裂。为了寻找到内心的宁静以及自己的人生之路，"象征痛苦"的事物往往会被个体回忆和重温。

我们会意识到，是原生家庭塑造了我们。矛盾的是，正是与他人一起，我们才培养出解决依赖问题、面对分离焦虑以及独处和自主的能力。

正如安德烈·鲁菲奥所指出的，"遭受苦难的家庭的历史是不完整的，充满漏洞"；当然，每个家族的历史都有其灰色地带，凭一己之力是无法将其重新编写的，也无法"在心理上将其重建"。

但为什么群体生活经历有利于促进人的独立自主和成长？因为在群体中，某些人会拥有与你类似的感受和经历，这就是"镜像"和"反射"在起作用。我们能以一种批判性的甚至是讽刺性的方式去看清自己，认清自己的本质。

群体是一个温暖的地方，它不断变化且充满着能量，能将情感和事实联系起来，同时还可以创造出有意义的故事、神话或传说。

一起"做梦"，一起品读文学、鉴赏艺术或进行创作，有共同的兴趣，这些都可以改变我们。

我们可以绘就一幅画、构建一个框架来重编自己的历史。

在所有人都相对满意的关系中，我们能与他人及自己和谐相处，这意味着我们不再害怕让他人、家人或配偶、朋友或同事失望，即使我们与他们所希望的样子大不相同……但最重要的是，我们不再害怕让自己失望了。

选择伴侣，同样会冒着失望的风险

当一个人敢于以失望为代价去谋求进步时，夫妻生活就会受到各方面的影响，这是在爱情萌发之际就会出现的困境。在整个发展过程甚至是分离过程中，都可能出现这种困境。

情感生活会引发冲突

在情感生活中，父母、朋友、熟人，总是试图干预我们选择伴侣：即使对方的人品没有问题，也有可能介意他住得很远、他的家庭不好，或者他不够有身份……

奇怪的是，对爱情的承诺后续总会使恋人双方产生隔阂，因为承诺几乎不是深思熟虑后做出的选择。但从本质上来讲，承诺会让恋人感到他们在一起时是舒服的，他们很高兴自己能寻觅到命定之人，从而踏上一段不可预知的旅程。简而言之，他们能够互相满足。他们不再为自己喜欢的活动（例如郊游、体育锻炼）倾注时间，因为他们的关注点放在了别处，仅仅是和对方在一起，便能满足他们。"找老朋友或家人还有什么意义？"二人世界便已足够。因此，他们也许会让朋友和亲戚失望，因为后者往往难以理解这种改变，还会抱怨他们的"意中人"真是不像话。如果家人或朋友对他们选择的伴侣指指点点、说三道四，他们就会据理力争，以维护自己的伴侣。幸福、喜悦以及别样的体验证明他们的选择是正确的。但是，他们彼此之间也会产生误解。最"乐观"的亲友会说"早晚会想通的"，最"悲观"的亲友会害怕他们与这对伴侣之间的关系因此而变得疏远。

恋人之间相互信任，他们相信可以联结彼此的感受和经历。换句话说，他们似乎磨合得很好，一起成长似乎指日可待。但要知道，失望、痛苦和不幸也是恋爱的必经之路。

"我所爱的人不是一直说希望我快乐吗？那他们为什么认为我因为谈恋爱而疏远他们就是一种背叛呢？"

幸福和成长是要付出代价的

就像稳定的光线离不开灯架一样

夫妻关系的建立首先要基于爱的承诺,当然也需要其他力量的逐步介入,因为这些力量会使夫妻关系更牢固、更稳定、更持久。共同生活对于夫妻关系的平衡是有用且必要的。

夫妻关系的建立有利于丰富生活,比如团结互助、休闲娱乐、温柔互动、性生活等。当然,惊喜也很重要。幽默在情感交流中起着独特的作用,它令人心情愉快,并且能使夫妻关系变得更加亲密。

深入地讲,夫妻关系有助于我们调节某些精神问题和心理冲突。当这些问题和冲突暴露出来,随之而来的是不愉快、焦虑、缺乏安全感或更严重的精神障碍。夫妻关系让我们看到,共同生活是治愈夫妻双方的一剂良药。

我们经常会听到这句话:"你治愈了我。"

夫妻之间所特有的情绪、手势、举动是很有趣的,这些都与爱有关。

依恋关乎情绪和吸引力，它的价值无可辩驳。它能凝聚、抚慰夫妻双方并提升他们的幸福感。通过爱抚、互动和"触动心灵的话语"，双方可以表达内心的温柔。

信任，即能感受到对方是可靠的。"有个可以信赖的人，感觉真好。"

这代表了亲密和默契。

通过分享经历和秘密，一方会了解到另一方许多不会向第三方透露的事情。双方会共同对个人规划和家庭生活进行展望，包括组建家庭、生养孩子、未来理想、教育原则、生活目标、工作晋升等。

共享价值观，成就彼此。

建立共同生活，一般以共享生活空间的模式为基础，但也应考虑到有些配偶更愿意分居，必要时可以一起度假。本章讨论的是"同居关系"。日常手势、身体接触、感官介入都有利于同居关系的健康发展。一些日常活动，如剃须、穿衣、出门、做饭、吃饭、照顾孩子等，若以微小的差异在两个人的共同生活中重复了上千次，那么我们可以说，他们建立了同居关系。

兴趣爱好的分享有利于增进彼此之间的联系与交流：旅游、运动、阅读、参加文化活动等。

为了经营他们的共同生活，比如旅游出行、教育孩子、分享秘密、应对不忠、决定家庭收支等，夫妻之间会建立许多契约或协约。契约通常是隐性的，其规定了什么是被允许的、什么最好是应该避免的。

从上述角度我们可以看到，夫妻生活有其优势，但也会面临挑战，比如夫妻一方也许会不遵守或擅自修改规定。如果夫妻双方没有做好准备，后续他们可能会令彼此失望。他们会想要更多自由，不信守承诺，做事一意孤行（例如购买昂贵的家具、更换孩子的学校或对感情不忠等）。

我们有理由扪心自问，在某些情况下，是否有必要采取行动以扭转局势。要想找到新的相处方式，随之而来的冲突是无法避免的。

如果一座建筑物不幸遭遇地震，我们就能够由此判断出它坚固与否。

夫妻冲突

在激化夫妻冲突的诸多情绪中，必须要提到的便是竞争和嫉妒。竞争会令人心生嫉妒，当然，嫉妒也不是没有一丝可取之处。换句话说，竞争既可以是敏感的、有害的，也可以是善意的、有创造力的。在后一种情况下，竞争可以激励夫妻双方不断进步。例如，如果竞争涉及职业选择，那么竞争者可能希望自己不断前进、不断超越，体验另一种人生。而感受到竞争的一方则会奋起直追。

嫉妒性的竞争也会造成更多麻烦，因为它会动摇夫妻关系的本质，夫妻关系通常是建立在参与、分享和互助的基础之上的。一方嫉妒另一方，是因为他无意识地希望看到对方犯错、失误、跌倒，以此来衬托自己的正确与成功。在这些情况下，往往也有虚荣心在作祟。

有时，一方也会采取一种炫耀的态度，例如以挑衅的方式，来吹嘘自己的成就或强调对方"做事不如他有成效"。炫耀本身并不具有破坏性，但当一个人试图羞辱对方时，就会造成很大的伤害。

因此，竞争和炫耀可以被认为是两种同时表现出来的情感，甚至会交替出现。如果再加上控制和虐待，那么情况就会更糟。

夫妻双方都以自己为中心，只顾执行自己的规划而忽略对方的规划，就会催生冲突。夫妻之间为何会出现嫉妒性竞争？从本质上讲，是为了减轻因对方而生的恐惧。

如果一方长期控制另一方，那么他就想维持这种控制状态。双方的许多共同幻想会引发恐惧，而这些恐惧反过来又会使幻想的内容变得更戏剧化。例如，对界限感消失的恐惧与对被他人吞噬的幻想密切相关；对失去的恐惧攸关"没有对方就无法生存下去"的想法。

对夫妻双方而言，产生幻想很常见，并且会随着时间的推移而更加丰富。正是这些幻想（即对和谐相处、失去激情的幻想等）创造了夫妻的共同生活。如果一方的幻想让另一方感到恐惧，那么后者也会产生类似的幻想。这种相似性可能会引起更多的忧虑，而非安慰。如果幻想是互补的，那么夫妻双方是可以互相安抚的。例如，如果一方担心某个计划会失败，那另一个人则可能会认为它是可行的……

当竞争带有嫉妒色彩时，对权力的渴望和傲慢的态度就会达到顶峰。一方几乎不被承认是一个独特的存在，他的愿望也被视为一种危险。炫耀性竞争则完全不是这种情况。在炫耀性竞争中，双方是可以欣赏彼此的潜力并为对方感到自豪的。

嫉妒会影响到夫妻之间的关系。嫉妒很复杂且形式多样。嫉妒涵盖的范围十分广泛，从热情到激情，再到妄想式的嫉妒（一种完全不合理的心理建设）。

两性之间的冲突是众多误解和分歧的根源。也就是说，人们害怕这种冲突，是因为它让我们不得不面对自己的无能以及我们对他人的强烈需求（弗洛伊德，1932年）。

我们是矛盾的产物。我们曾经认为自己是母亲的掌上明珠，我们也曾坚信自己是她的骄傲，这给予了我们很大的动力；但后来，我们不得不放弃这种优越感，承认自己并非无所不能。

在夫妻关系中，配偶可能会因为曾做过让我们感到害怕的事情而被指责。例如，他不相信我们的个人品质，他不信任我们，他不相信我们有能力实现自我。

关怀必须与认可的另一个维度（即承认对方有自己的欲望和主观心理）密切结合，否则这种关怀就是单向的，很可能会令人感到窒息。

嫉妒性竞争和强烈的嫉妒感会影响夫妻的幸福指数。如果其中一方希望建造他的"秘密花园",那么竞争和嫉妒就会强烈地表现出来。这是当今夫妻所面临的主要问题之一。当我们害怕伤害他人时,当我们为自己的个人愿望而感到自责时,我们会去寻找相应的借口:想要更好的个人发展并不是自私;相反,"这是为了我们共同的利益"。在夫妻关系之外,有着有趣经历的伴侣会教给对方新事物,从而使他们的生活更加丰富和充实。这是"背叛才能成长"的典范!

夫妻关系从建立之初就意味着要接纳变化、面临挑战:如何忍耐以获得成长?一方是否可以激怒另一方?

如果夫妻双方决定分居,那么第三方(孩子、近亲、朋友)就会受到影响。周围人在一定程度上见证了这对夫妻的各种经历,且还未做好应对改变的准备。对周围的人而言,分居意味着颠覆爱情的意义。因此,许多夫妻都需要对外保持理想的夫妻形象。

但分居是否意味着夫妻关系的破裂?并不。我们在前面反复说过,很多时候,分居是促使双方变得更加成熟的一种必要行为。

在代际冲突中建立自己的家庭

让孩子组建家庭的愿望似乎成了父母们的共识（或多或少是无意识的）。我们要同先辈们一样生儿育女，因为只有这样，整个家族才能世世代代延续下去。

"我的女儿，我知道你将会成为一位好母亲，就像我们家族里的所有母亲一样，像我们一样幸福。"

"你也会感受到孩子带给你的幸福。"

另一方面，拒绝世代相传或经历过艰辛与苦难的家庭会在不知不觉中传递更多的负面信息，甚至会中断亲子关系。孩子的到来只能造成失望：

"我的女儿，你永远都不会成功的，所以我仍然得帮助你。"

"生养孩子，就是在受苦受累。他们会夺走你的自由……就是你和你的兄弟夺走了我们的自由，毁了我们的生活。"

"一代又一代的人都在默默地忍受着生育之苦。"

在这些情况下，孩子对于为人父母会产生巨大的抵触感：

"我永远不会要孩子，因为不是我受苦，就是他受苦。"

混乱的家庭与代际冲突

那些无法建立自己家庭的人可能正在被童年时期的创伤或过去未被解决经历（如丧亲之痛）所困扰……在幼年时无法将负面经历正确内化的父母会发现自己缺乏为人父母的能力，他们无法压制源自童年时期的焦虑，这些焦虑会重新唤醒并压垮他们。

内心缺乏安全感的父母难以接受婴儿的哭泣和痛苦。"别再哭了，给我安静下来。"他说道，并且不希望别人因此而责备他。他被自己痛苦的记忆或灾难性的焦虑所困扰。

"别再哭了"传达的信息是："我只能接受一个乖巧、

熟睡或微笑的孩子，这样我才能感觉到自己是个好父母……我不想知道他发生了什么。是小小的不幸，还是巨大的痛苦？这些都会让我想起自己曾经遭受过的暴力。"

害怕婴儿哭闹不止的父母不会倾听孩子，因此他们无法给予孩子良好的教育和培养，他们采取的是一种"混乱的养育方式"(达尔希，1999年)。这种养育方式的特点是，没有将旧家庭和新家庭、需要父母认可的孩子和真实的孩子区分开来。

面对真实的孩子，父母会进行心理投射，并且与自己的焦虑、孩童时期的痛苦和内心深处的危机感做斗争，这些会阻止其孩子心理健康的发展。但这并不意味着父母不爱孩子，可能事实恰恰相反，有时他们甚至会更加依恋孩子，因为他们要避免自己的部分痛苦延续到孩子身上。

父母会试图找到解决办法，以便抑制他们的焦虑和痛苦。他们会选择延长与孩子之间的融合时间，以避免再次经历分离。他们也可能通过自我压抑来强烈反抗这种融合，以保证自身的独立性。以上情况通常缘自矛盾的生活环境，进而导致个体的独特性无法得到自由的施展。

对于建立自己的家庭而不是再现过去的家庭，最关键的就是接纳自己的原生家庭。通过接受家庭环境并对其进行改造，保留积极的一面，改善消极的一面；我们就可以开辟出一条新的道路，去书写我们自己的故事。因此，新生活将来自于我们自己创造的精神遗产，在未来，这些遗产也将有根可寻。

如果我们的父母不允许世代传承的家庭遗产发生转变，那么子孙后代就应该自行去做这件事情，并且应非常坚定。

我们用一个例子来说明这一点：

奥迪尔是一位三十九岁的孕妇，她想知道自己是否该堕胎，她害怕让母亲失望。事实上，奥迪尔一直非常依赖他人，一旦没有母亲的建议，她就无法自行做出决定。她隐瞒了自己早孕的事实，但矛盾的是，她仍去咨询了产科医生。在内心深处，她感到自己是渴望这个孩子的，这是她成为母亲的最后一次机会。她的伴侣已经五十岁了，也是孑然一身，两人并未同居，所以让她自己决定……在心理医生的支持下，她鼓起勇气去和母亲谈论这件事。然而，母亲却生气地回答她："你都这个年纪了，还不知道口服避孕药！"

在讲述这一幕时，奥迪尔坦言："其实我早有预料，但现在我已经习惯了。我认为母亲不想让我过自己的生活，也许她只是害怕失去我。"

奥迪尔没有听取母亲的意见，还是决定将孩子生下来。之前，她的生活实际上是由母亲指导的，甚至是由母亲决定的。为了迎接孩子的到来，奥迪尔夫妇将常伴彼此身边。这件伟大的事情帮助他们明确自己即将为人父母。"我们已经不似从前了，宝宝的出生让我们一夜之间长成了大人。"

有时，占主导地位的父母不想孩子拥有属于自己的身份，尤其是当孩子仍然处于幼小的年纪时，他不得不将主导权交给父母，甚至是祖父母。有些父母甚至会产生孩子被占有、偷走或绑架的幻想："她要是当了母亲，那我算什么！"

在婆媳关系间纠结不已的男人，既无法明确自己的身份，也无法支持他的妻子。一对真正的夫妻应是一个新的"我们"。一个男人应能够告诉他的母亲，在回应和接受她的决定之前，他希望先征求妻子的意见。他们可以为孩子制订一个新的教育计划，不让其母亲再全权包办孩子的一切事务，他们可以以自己的方式来教育孩子。

总的来说，如果与父母的关系在逐渐"进步"，那么无论是父母还是孩子，他们各自的位置在新家庭和旧家庭之间就很容易达到平衡。

另一方面，在为人父母之初，如果还是过于幼稚、内向、霸道，或者害怕被自己的父母抛弃，那么我们就急须寻找一个新的"成人"身份。

令人敬佩的母亲

我们来讨论一个揭示家庭关系演变的案例。

如果原生家庭阻碍了孩子的成长，那么孩子就难以组建自己的新家庭。我们将描述孩子的独立之路，并尝试了解曾经的创伤和不正常的家庭环境如何使他产生依赖性。

起初,第一次怀孕让安娜和大卫夫妇喜不自胜,但渐渐地,他们有所改变了。不安全感和恐惧将这对新晋父母牢牢困住了,所以他们前来咨询心理学家。安娜仍然觉得自己很幼稚,她害怕孩子出生后她无法照顾孩子。她的父母时而恩爱,时而疏离,这种家庭关系曾因一个孩子的早夭而变得愈发混乱。大卫是孩子未来的父亲,他也有自己的家庭创伤。

在怀孕期间,这对年轻夫妇进行了围产期家庭精神分析治疗,以助于巩固他们的父母身份。安娜描述了她与母亲之间的特殊关系,母亲似乎完全能够理解她。她有一种被过度保护的感觉,她无法断开与母亲的联系,每天都要打好几通电话,因为只有这样才能满足她的诸多期望。休假时,她总是花时间与父母待在一起。到三十岁的时候,她仍然喜欢晚上和妈妈一起睡觉,早上和妈妈在同一张桌子上吃早餐。安娜的父亲则是个大大咧咧的人,他时常独处,好让母女俩单独待在一起。这似乎与他从小就不够了解何为健康的父母与子女之间的亲密关系有关，或者是他感觉到女儿正在治愈妻子隐秘的抑郁症。

安娜用"非同寻常"来描述自己与母亲的关系。她认为很少有女孩拥有和她一样的机会，可以与母亲如此相处。我们要明白，在这种亲密且紧密的关系中，在这种可能会使孩子患上心理幼稚症的、不健康的母性束缚中，隐藏着一场与家庭抑郁症的斗争。

在安娜的家庭中，一个众人眼中完美的小女孩曾因摔倒而丢了性命，这给其家庭造成了无法愈合的创伤。所有家庭成员因此而团结起来，否认失去孩子的事实，以消除罪恶感。作为家中最小的孩子，安娜通过继续否认这一事实来维持这个家庭表面上的平和。她被认为是小女孩的准双胞胎妹妹，母亲抱着女儿，让她开口说话，让死去的小女孩通过她表达自己！

这种家庭的影响在于使孩子与父亲/母亲保持一种过于亲密的关系，就好像他们是夫妻一样，营造了一种"乱伦气氛"。这同样是暴力的，因为父母为了满足自己的需求，从而忽视了孩子的需求。混乱的亲密关系会导致孩子丧失安全感，并产生对被遗弃的恐惧。家人将爱给予那个能满足群体需求的孩子，但事实上，他们想起的是另一个已不在人世的孩子，而真实存在的孩子却被遗忘和被抛弃。如果真实存在的孩子幻想着被家人疼爱，那么他的需求，尤其是他的成长，就会被忽略或否定。孩子可能有被爱的错觉，但他的需求，尤其是发展方面的需求，却被剥夺了。

安娜夫妇将逐步制订一个共同的家庭计划。通过重新审视家庭关系，特别是与母亲的亲密关系，安娜实现了独立自主。安娜与母亲的关系对他们夫妇来说是一种沉重的负担。在孩子出生时，大卫和安娜表现出为人父母所应有的样子。当她带着孩子回到家时，内心异常满足。

但安娜的母亲却打算来到他们家中，与他们共住几个星期，这无疑将破坏好不容易维持好的平静。母亲把安娜推开，自己去照顾孩子，含蓄地表示安娜还不懂怎么当一个妈妈。这种态度削弱了安娜作为母亲的绝对地位，引起了她的警惕，使她彻夜难眠。安娜试图成为一位完美的母亲，就像她记忆中无所不能的妈妈一样。她现在终于感觉到了自己身上的母性力量，她认为她需要自己的空间。同母亲生活的几天可谓疲惫且无益，安娜终于鼓起勇气，善意地要求母亲让她一个人来照顾孩子。并且，年轻的父亲也无法再忍受这位好管闲事的岳母。

安娜的母亲"砰"地一声关上门，她与女儿不再那么亲密无间，而是互相不理不睬。第二天，在电话中，母亲表示无法忍受这样的隔阂，她强调自己失去了最后一个女儿，并补充说，她和她的丈夫唯有一死才是最终的出路。

带着隐藏暴力的、占有欲强的父母，变成了出口伤人的、令人憎恨的父母。

筋疲力尽的安娜正处于崩溃的边缘，生活已经分崩离析；她整个周末都难以入睡，她为"排挤"母亲而感到内疚。她有时会感到困惑，认为死亡不仅会带走她的父母，也会伤害她的孩子和她身边的人："请您告诉我，我抱在怀里的婴儿还活着，而且很健康。"她将怀里的孩子与曾经死去的"姐姐"搞混了。

通过为恐惧赋予意义，安娜夫妇将慢慢了解新家庭的运作方式，特别是那些能够与两个旧家庭的抑郁状态做斗争的运作方式。这将是对整个家族的全面重组。渐渐地，这个新家庭会不同于以往的旧家庭，同时也会开始体验到旧家庭的苦恼和困境。已成为婴儿祖父母的父母将会退到适合自己的位置上，任何侵犯新晋父母权益的行为和言论都将被谴责。例如，如果安娜的母亲仍然坚持说她要自杀，女儿就会提醒她，从小时候起，她曾千百次地想要自杀，而事实上她还活得好好的。尽管她的母亲试图轻描淡写地解释"我说的是假设"，但安娜仍想借此机会让母亲知道，这种"威胁"对她这个小女孩造成了多大的伤害。在夜里，当她独自一人想到母亲即将去世时，她不禁泪流满面。这些死亡威胁引发了她的内疚，也阻止了她独立。

尽管如此,安娜仍然是一个忠于父母的女孩,但她会逐渐学会并重新思考自己的生活、伴侣和家庭,她将变得更加独立。就大卫而言,他将重新调整与母亲和家人的关系。他将重新联系他的亲生父亲,让后者成为孩子的祖父。

这个家庭已经经历了一次真正的心理疗愈之旅,获得了安全感,这使他们在面对代际冲突时会更加清醒。第二个孩子的到来将证实,心理自主会使他们过上更为平静的生活。这个家庭将敢于摆脱旧有的运作方式,以过上自己的生活。

为了成长,我们要为自己考虑,爱自己,照顾自己,取悦自己,同时与他人建立独特的联系;不再被他人及其欲望摆布,而是去找寻自我,以便与自己的欲望和谐相处,发现自己的优势并构建自我,更茁壮地成长和发展;结识朋友,并深入自己的内心世界。如此一来,我们的生活就会变得更加充实和丰富。

结语

并非所有人都能意识到自己应当获得成长并勇敢面对生活。有时，某些父母或者某些原生家庭剥夺了一个人成为独特个体的自由。在这种情况下，我们必须学着让我们所爱的人失望，从而发展自己的独特性，同时接纳内心的落差，不再受困于别人眼中所谓的理想形象。

某些父母不允许孩子成长，让孩子身陷负罪感，对其呼来唤去，同时孩子还得与他自己的痛苦做斗争。父母通过控制孩子来满足自己的需要，他们对孩子说："这是你欠妈妈和爸爸的。"好似孩子无权让父母失望，因此也无权成长和改变自己。困难、失望、危机甚至决裂因此出现……长此以往，家中的小暴君（孩子）反过来也会成为一个控制狂，就像父母对他所做的那样。

将自己从对他人、对父母和对祖辈的依赖中解脱出来，是一种背叛、过度自恋或自我中心主义吗？

矛盾的是，正是父母和其他长辈促进了孩子的成长和独立自主。父母应允许孩子积极地融入群体和适应他人，即使他们时而会因此受挫。

成长初期，孩子需要爱、安全感、价值感。成长意味着走出家庭的保护圈，成为独一无二的个体。成长意味着接受家族遗产，并将其变成自己的遗产，从而找到自己的道路、优势、自我认同感、安全感、自信、力量，发现自己的兴趣、能力，倾听自己的声音和内心想法。当然，要把握好分寸，不能伤害他人。成长意味着重新建立忠诚关系、联盟、契约，也意味着不断超越和拓展自我。

我们怎样才能清楚地认识到我们的债务已经偿还？父母给予了我们很多，而他们也从自己的父母那里得到了那么多吗？难道我们还不清楚，我们是否应以他们为榜样，为自己的子女付出；以同样的奉献精神和同样的理想来支持他们吗？

我们热爱自由，但自由是要付出代价的，代价也许就是接受关系破裂、学会放弃、承受痛苦以及有时给他人造成痛苦。那些关心我们的人注定可能要失望了，而礼物和债务是帮助我们理解这种代价的关键要素。回礼出于感恩。

词语"reconnaissance"[1]有两种含义：既表达"感谢"，又表达"承认"，感谢和承认对方为我们所做的一切。然而，以感谢为名而送出的礼物之一，就是我们的自由。但自由会让我们更快乐，成就和成长都与它密不可分。幸福就在路的尽头。

同样，我们必须强调的是，只要我们渴望去学习，我们就不会停滞不前，我们就会去探索新的道路，认识不同的人。本书探讨的，正是学习这一过程是如何促进我们的成长的。

换言之，如有必要，让他人失望或让自己失望也无可厚非，因为当面对成长过程的各种挑战时，总有人会伤害到我们，我们也会感到被放弃和被抛弃。让人们接受这个成长与痛苦并存的过程并不容易。让我们暂且认为，他人的痛苦就是我们的痛苦，因为我们的成长也将会是他人的成长。

---

[1] reconnaissance，在法语中有"感谢"和"承认"的意思。——译者注

图书在版编目（CIP）数据

背叛是为了成长／（法）伊丽莎白·达尔希，（法）阿尔贝托·艾格著；胡艺姝译. -- 北京：中央编译出版社，2025. 5. -- ISBN 978-7-5117-4873-7

Ⅰ．B84

中国国家版本馆CIP数据核字第2025BD1205号

Trahir pour grandir by Elisabeth Darchis and Alberto Eiguer
© Larousse 2022
Simplified Chinese edition arranged through Dakai L'agence
版权登记号：图字：01-2025-1059

背叛是为了成长
TRAHIR POUR GRANDIR

总策划	李　娟
责任编辑	苗永姝
执行策划	王思杰
装帧设计	潘振宇
责任印制	李　颖
出版发行	中央编译出版社
地　　址	北京市海淀区北四环西路69号（100080）
电　　话	（010）55627391（总编室）　（010）55627362（编辑室）
	（010）55627320（发行部）　（010）55627377（新技术部）
经　　销	全国新华书店
印　　刷	北京盛通印刷股份有限公司
开　　本	787毫米×1092毫米　1/32
字　　数	100千字
印　　张	6.875
版　　次	2025年5月第1版
印　　次	2025年5月第1次印刷
定　　价	52.00元
新浪微博：@中央编译出版社　　　**微信**：中央编译出版社（ID：cctphome）	
淘宝店铺：中央编译出版社直销店（http://shop108367160.taobao.com）（010）55627331	

本社常年法律顾问：北京市吴栾赵阎律师事务所律师　闫军　梁勤
凡有印装质量问题，本社负责调换，电话：（010）55626985

人啊，认识你自己！